Heinz Schlaffer

Geistersprache

Zweck und Mittel
der Lyrik

Carl Hanser Verlag

ISBN 978-3-446-24363-7
© Carl Hanser Verlag München 2012
Satz: Greiner & Reichel, Köln
Printed in Germany

Inhalt

Einleitung

Gedichte sind leicht zu erkennen, aber schwer zu begreifen. Ob sie gesungen, gesprochen oder gelesen werden, es fehlt ihnen nicht an auffälligen Merkmalen, die den Hörer oder Leser sogleich davon überzeugen, dass er es mit einem Exemplar der Lyrik zu tun hat, auch wenn er den Begriff ›Lyrik‹ nicht kennt und stattdessen ›Lied‹, ›Reime‹, ›Verse‹ sagt. Ohr und Auge täuschen sich fast nie: Was sich zu einer Melodie singen lässt, was Rhythmen und Klänge auffällig wiederholt, was in abgesetzten Zeilen geschrieben ist, dabei eine überschaubare Länge hat – das muss ein Gedicht sein.

Schwer jedoch ist zu begreifen, weshalb und wozu es diese apart geformte Ausnahme von der üblichen Art zu reden und zu schreiben gibt. Der ungewöhnlichen Form, den ausgefallenen Wörtern und Wortfügungen eines Gedichts begegnen die Bildungsinstitutionen, Deutschunterricht und literaturwissenschaftliche Seminare, mit dem Vorsatz, durch Interpretieren jenen unvernünftigen Aufwand poetischer Mittel auf eine vernünftige Aussage zurückzuführen. Anders verhalten sich Laien; sie begnügen sich damit, ein Gedicht zu lesen oder herzusagen, wie man ein Lied singt, manchmal sogar in einer fremden Sprache, ohne sich viel um die Bedeutung der Worte zu sorgen. Aber auch die Interpretation eines Gedichts, die ja die Existenz einer so merkwürdigen Art von Texten als gegeben hinnimmt, beantwortet nicht die Frage, wozu es Lyrik, eine der ältesten Erfindungen der Menschheit, einst gebraucht hat und noch immer braucht.

Auf diese Frage nach Herkunft und Aufgabe der Lyrik gibt es seit dem 18. Jahrhundert eine Antwort, die ebenso falsch wie erfolgreich ist. In einer rational konzipierten Welt nahm sich die lyrische Redeweise so irrational aus, dass ihre Entstehung und Fortdauer nur aus einem irrationalen Motiv, aus dem Seelenzustand des Dichters, zu erklären war. Eigenschaften der Poesie, die den praktischen Verstand wie die theoretische Vernunft in Verlegenheit brachten – Verliebtheit in Klänge und Bilder, die Neigung zu Übertreibung und Dunkelheit –, versuchten die psychologisierenden Poetiken der Aufklärung aus dem Überschwang der Gefühle bei den Dichtern herzuleiten. Ein Gedicht sei, wie es damals hieß und wie es in anderen Worten noch heute eine verbreitete Meinung ist, »empfindungsvolles Selbstgespräch« und »ausgedrückte Empfindung«. Einwände gegen diese Annahme liegen nahe. Für den Ausdruck von Gefühlen, für die Darstellung von Erlebnissen würden sich Tagebuch, Brief und andere prosaische Bekenntnisschriften mit geringem Formzwang besser eignen als ein Gedicht. Dessen Verfasser muss Rücksicht auf das gefühllose Reglement von Metrum, Reim, Strophe nehmen, sich an der überpersönlichen Tradition der lyrischen Motive orientieren und auf Mitteilungen verzichten, die auf dem beschränkten Raum weniger Verse nicht Platz haben. Was das private Subjekt über seine inneren Zustände in so knapper Form sagen könnte, sei es Liebesschmerz oder Frühlingslust, haben zudem andere Gedichte schon oft gesagt. Dem Versuch eines wahren Ausdrucks ist das konventionelle Schema längst zuvorgekommen.

Da also Erlebnis und Gefühl nicht hinreichen, die Existenz von Lyrik zu erklären, bevorzugt die neuere Literaturwissenschaft eine emotionslose Bestimmung, die sich an die sichtbare und hörbare Form des Gedichts hält. Doch schafft der Hinweis auf die Anordnung von Verszeilen und die Abweichung von der Normalsprache nicht alle Vorbehalte aus der

Welt, wie sie das aufgeklärte Bewusstsein gegenüber der Lyrik vorbringen müsste. Was hat die Menschen dazu gebracht, Formen zu erfinden und zu bewahren, die einen derart großen Aufwand an Geboten und Verboten bei der Auswahl von Rhythmen, Klängen, Wörtern, Aufführungspraktiken verlangen? Warum sprechen diese mechanischen oder auch spielerischen Formen mit Vorliebe von den ernstesten Dingen des Lebens, von Not, Glück, Vergänglichkeit und Ewigkeit?

Den beiden alternativen Erklärungen, Lyrik sei aus einem Erlebnis zu verstehen oder sie sei allein als Form zu beschreiben, entzieht sich das vorliegende Buch. Sein Titel rückt dem zarten Wesen der Lyrik mit einem kruden Begriffspaar zu Leibe: Zweck und Mittel. Die Absicht, Gedichte als zweckgerichtete Handlungen zu verstehen, wird Befremden hervorrufen. Doch wer die ältesten überlieferten Gedichte liest – ägyptische und indische Gebete, hebräische Psalmen, frühgriechische Hymnen und Oden, althochdeutsche Zaubersprüche –, muss zugeben, dass diese etwas, und nicht wenig, bewirken wollten: die Götter gnädig stimmen, Krankheiten heilen, Missernten abwenden, den Feinden schaden. Der Glaube an eine solche Wirkung von Versen sei schon lange erloschen, wird man einwenden, aus der Lyrik sei etwas anderes, etwas Zweckfreies, wenn nicht Zweckloses geworden. Dem lässt sich entgegnen: die ältesten Zwecke sind zwar verschwunden, nicht aber die Mittel, die einst dazu dienten, jene Zwecke zu befördern – und zu diesen Mitteln gehört, wie sich zeigen wird, mehr als die auffällige sprachliche Gestalt der Lyrik. Ohne das Verständnis ihres archaischen Zwecks lassen sich die bis heute eingesetzten Mittel nicht verstehen.

Das erste Kapitel dieses Buchs macht auf die Anrufung aufmerksam, die ein fester Bestandteil fast aller Gedichte von den Anfängen bis an die Schwelle der Moderne ist: »O Ewigkeit«, »O heilig Herz der Völker«, »O Täler weit, o Höhen«,

9

»O Brunnen-Mund«, »Du gabst im Schlafe, Gott«, »Du kömmst, o Schlacht«, »Du bist Orplid«. Es ist verwunderlich und bezeichnend, dass diese allgegenwärtigen Anrufungen von Lesern überlesen, von professionellen Interpreten übergangen werden. Man nimmt solche Formeln als bedeutungslose Gewohnheit lyrischen Sprechens, das feierlicher als die Umgangssprache klingen möchte. Doch in dieser Konvention ist ein elementarer Zweck der Lyrik, eine ursprünglich allein von ihr erbrachte Leistung verborgen: Geister anzusprechen. Wer jemanden anruft, will etwas von ihm. Mit dem Anruf geht ein Bündel weiterer Absichten einher, die sich als Bitten, Klagen, Wünsche äußern, also ebenfalls eine Handlung ausführen und eine entsprechende Handlung beim Angerufenen herbeizuführen trachten. Die Frage nach dem Zweck solcher Anrufung lohnt sich sogar bei Gedichten, die nicht mehr an diesen Zweck glauben, aber die Sprache der Anrufung beibehalten. Selbst beim Verzicht auf die Anrufung bleiben die Mittel erhalten, die zunächst der Anrufung dienten: die metrischen, tönenden, bildlichen Elemente. Doch werden dann in den Poetiken und Handbüchern diese Mittel nur noch angeführt, um durch oberflächliche Eigenschaften die Dichtart ›Lyrik‹ beschreiben zu können. Wendet man sich den Anfängen der Lyrik zu, ihren immer noch sichtbaren, aber unverständlich gewordenen Fundamenten, so geben sich die lyrischen Formen, die nur auf einer Konvention zu beruhen scheinen, als ungewöhnliche, doch wohlbedachte Wege zu dem hochgestimmten, wenn auch vergeblich erstrebten Ziel zu erkennen, mit außermenschlichen Wesen – mit Geistern, Göttern, beseelten Dingen – in eine nutzbringende Verbindung zu treten.

Was fängt eine Zeit, die aus guten Gründen nicht mehr an Geister glaubt, mit einer Sprache an, die für den Umgang mit Geistern geschaffen wurde? Es war ein kühnes, aber erfolgloses Unterfangen, sich der Sprache von nicht-existenten

Geistern anpassen zu wollen. Es war so kühn und verführerisch, dass man es auch nicht aufgeben wollte, nachdem sich seine Erfolglosigkeit erwiesen hatte. Nach der archaischen Epoche und außerhalb archaischer Situationen (worauf etwa Gebete und Nationalhymnen abgestimmt sind) konnte diese außergewöhnliche Sprache dennoch erfolgreich überdauern: als Spielart von Literatur. Die Mittel, deren Zweck verblasst und fast vergessen ist, leben zwecklos, aber nicht grundlos in der Geschichte der Lyrik weiter. Die moderne Lyrik hat zwar nicht ihre individuelle Attraktion verloren, doch ihre soziale Notwendigkeit. Diese akute Funktionslosigkeit wird zur Manifestation reiner Poesie verklärt. In der langen Geschichte der Lyrik greifen zwei entgegengesetzte Tendenzen ineinander: die Tradierung der ältesten Zweckformen und die Befreiung vom Zweck dieser Formen. Die Freistellung von den einstigen Aufgaben verschafft der Lyrik neue ästhetische Möglichkeiten. Wohllaut, Witz, der Reichtum an Themen und die Vielfalt der Sprachexperimente nehmen zu. Deshalb bereitet die Lektüre neuerer Gedichte kein geringeres Vergnügen als die älterer. Trotzdem bleibt es zweifelhaft, ob die Moderne Gedichte hervorgebracht hätte, würde sie nicht bewusst oder unbewusst Aufgaben zitieren, die in vormodernen Zeiten Gedichte übernommen haben. Das moderne Gedicht pocht darauf, autonomes Kunstwerk zu sein, und zehrt dennoch vom Erbe archaischer Funktionen. Da es Lieder und Gedichte gibt, wann und wo immer sich menschliche Kultur nachweisen lässt, müssen sie an Bedürfnisse und Wünsche gebunden sein, die dem Menschen eigentümlich sind. Deshalb liegt die Vermutung nahe, dass selbst in der Gegenwart die Motive, die eine so lange fortdauernde Institution wie die Lyrik hervorbrachten, ihre Erscheinung verändert haben, aber nicht vollständig untergegangen sind.

Bedürfnisse und Wünsche leben lange fort, auch wenn sich die Einsicht durchgesetzt hat, dass sie unerfüllbar sind. Sie leben bis heute fort bei der Lektüre älterer Gedichte wie bei der Produktion der neuesten: in der Erinnerung an eine untergegangene Denk- und Sprechweise, von der die Imagination trotzdem angezogen wird; im Versuch, das Vergangene dennoch zu wiederholen; in der Rebellion gegen solche Wiederholung; im zweckfreien Spiel, das ironisch die alten Zwecke und Mittel zitiert.

Anrufung

Eines der ältesten unter den erhaltenen griechischen Gedichten, Sapphos Ode an Aphrodite, beginnt mit einer Anrufung, einer ›invocatio‹:

Aphrodite, Göttin auf buntem Throne,
dich, des Zeus listsinnende Tochter, ruf ich.

Gerufen wird sie, damit sie komme («komm« heißt es ausdrücklich) und helfe, ein geliebtes Mädchen zur Gegenliebe zu bewegen. Es ist nicht erstaunlich, wenn eine Göttin angerufen wird. Ein Gedicht von Horaz aber ruft einen vollen alten Weinkrug an, der auf seine Weise auch helfen kann: »O nata mecum consule Manlio« (O du, mit mir unter dem Konsul Manlius geboren). Keats' Ode an eine griechische Urne ruft ebenfalls einen toten Gegenstand an mit der Zuversicht, dass dieser die Verse vernehmen könne: »Thou still unravish'd bride of quietness« (Du noch unberührte Braut der Stille). Wie durch Zauberei verwandelt die Anrufung Weinkrug und Urne in menschenähnliche – doch nicht menschliche – Wesen. Mörike eröffnet die Sammlung seiner *Gedichte* mit einer Anrufung: »O flaumenleichte Zeit der dunkeln Frühe!«
   Nicht immer steht die Anrufung am Anfang des Gedichts, sie kann auch später oder erst am Ende kommen, so in Brentanos Gedicht »Was reif in diesen Zeilen steht«:

O Stern und Blume, Geist und Kleid,
Lieb', Leid und Zeit und Ewigkeit!

Hier wird eine Reihe von Dingen und Begriffen angerufen, als wären es Gottheiten. Manchmal wechseln die Adressaten des Anrufs innerhalb eines Gedichts. Klopstocks Ode *Der Zürchersee* wendet sich nacheinander an »Mutter Natur«, die »süße Freude« (dann »Göttin Freude« genannt), den »fröhlichen Lenz«, an »Liebe«, »fromme Tugend« und ferne Freunde.

Mit einer Anrufung beginnen nahezu alle Hymnen und Gebete der sumerischen, ägyptischen, altindischen Kultur. Sie rufen einen Gott an, um dessen Gunst zu gewinnen: »Herrin hoch über den anderen Göttinnen«, so wird die sumerische Göttin Inanna gepriesen; »O Weitausschreitender, der aus Heliopolis hervorgeht: / ich habe kein Unrecht getan«, so ein ägyptischer Totenrichter angefleht; »Gepriesen jetzt, Indra! Jetzt besungen, mögest du dem Sänger reichlich Nahrung geben«, so im Rig-Veda der Gott bestürmt. Vertraut ist die Anrufung im christlichen Kirchenlied: »Herr Gott, dich loben wir, / dich, Vater in Ewigkeit.«

Nicht einmal der Teufel ist aus dieser illustren Reihe ausgeschlossen; ihm widmet Giosuè Carducci seine rebellische Hymne *A Satana*:

Te invoco, o Satana,
Re del convito
(Dich rufe ich an, o Satan, / König des Festmahls)

Selbst die Verabschiedung des christlichen Gottes in einem anderen Gedicht Carduccis ruft eben diesen Gott noch einmal an: »Addio, semitico nume!« (Fort mit dir, semitischer Abgott!); der Abschiedsgruß »Addio« (wörtlich: »zu Gott!«) hält den verabschiedeten Gott präsent. Sogar das Nichts rückt in den Rang eines Gottes auf, wenn es – was der Earl of Rochester bereits im 17. Jahrhundert wagt – angerufen wird: »Nothing! Thou elder brother ev'n to Shade« (Nichts, du älterer Bruder sogar des Schattens!).

Die Sprechweise der weltlichen Lyrik folgt weitgehend dem religiösen Vorbild, sodass die Mehrzahl aller Gedichte bis ins 19. Jahrhundert hinein Anrufungen enthält, an wen auch immer sie gerichtet sein mögen. Wenn durch alle Kulturen und Zeiten hindurch Anrufungen in Gedichten vorkommen und deren Sprechweise formen, liegt der Schluss nahe, dass die Anrufung eine elementare und spezifische Aufgabe des Gedichts ist.

Die neuzeitliche Lyrik benutzt Formeln, die dem neuzeitlichen Verstand fremd geworden sind. Was einst Ernst war, lebt als Spiel weiter; die Anrufung, mit der ein Gedicht John Donnes einsetzt, schmäht – als wäre sie noch Gottheit – die Sonne, weil sie der Liebesnacht ein Ende setzt: »Busy old fool, unruly Sun« (Geschäftige alte Närrin, störrische Sonne). In der Lyrik des 20. Jahrhunderts werden Anrufungen selten; zur Parodie allerdings taugen sie noch immer, so in Rolf Dieter Brinkmanns *Hymne auf einen italienischen Platz*: »O Piazza Bologna in Rom! Banca Nazionale Del / Lavoro und Banco Di Santo Spirito«. (Immerhin kehrt der Heilige Geist, wenngleich nur als Name einer Bank, unter den Angerufenen wieder.) »O« ist in der Lyrik kein Ausruf, hervorgetrieben durch Schmerz oder Staunen, sondern ein Anruf, um durch einen lauten, langgezogenen Ton die angerufene Macht auf den Rufenden aufmerksam zu machen.

Enthält ein Gedicht eine Anrufung, so ist es als Ganzes eine Anrufung, und alle anderen Textteile dienen zur genaueren Unterrichtung der angerufenen Instanz. Wenn in Goethes Gedicht *Willkomm und Abschied*, das im Präteritum von einem zurückliegenden Liebeserlebnis erzählt (»Es schlug mein Herz [...] Dich sah ich«), die Anrufung »Ihr Götter« eingeflochten ist, verwandelt sich die vermeintliche Erzählung von einer vergangenen Liebesnacht in ein jetzt gesprochenes Dankgebet an die Götter, die diese Liebesnacht gewährt hatten. Der frühgriechische Paian, in Notsituationen gesungen, endet meist mit dem Klageruf »ie ie Paian«, der das ganze Gebet zusammenfasst und dem Gott Paian (ein Beiname Apollons) zuschickt. In anderen Formen der griechischen Lyrik übernehmen die Ololyge, der schrille Aufschrei der Frauen beim Opfer, das Iakchos-Jauchzen beim Festgesang oder ein chorisch verstärkter Refrain die Aufgabe, die vorgetragenen Worte zum Anruf zu bündeln. »Halleluja«, »Hosianna«, »Kyrie eleison« leisten das Gleiche in christlichen Gesängen und Gebeten. Um gehört und erhört zu werden, ist eine beträchtliche Lautstärke nötig; Singen und Musikbegleitung sind darin dem einfachen Hersagen überlegen. Auch eine Verdoppelung der Namensnennung kann nützen: »Spieglein, Spieglein an der Wand«, »Deutschland, Deutschland über alles«.

Bei der Anrufung sind die grammatischen Rollen so verteilt, dass ein »Ich« im Nominativ sich an ein »Du« im Vokativ, Dativ oder Akkusativ wendet. »Ich« kann auch »wir« heißen oder ein Kollektiv vertreten. »Ich« ist dabei ein menschliches Subjekt, »Du« meist eine übermenschliche Macht. Die Lyrik kennt nicht die Höflichkeitsform »Sie«. (Redet Brecht einen Baum als Herrn »Green« per Sie an, so macht er die lyrische Sitte des Duzens durch ihre Verletzung bewusst.) Selbst Personen, die ein wohlerzogener Bürger mit Sie anredet – verehrte Fürsten, Jubilare, Damen –, spricht das Gedicht ungescheut mit Du an. Diese Konvention erinnert an eine Zeit, da es das »Sie« nicht gab und Anrufungen noch halfen.

Den Anruf trägt die Zuversicht, lyrisches Sprechen sei instrumentelles Handeln, vergleichbar dem Pflügen, Kämpfen, Heilen, verschieden nur in den Instrumenten. An die Stelle von Pflug, Waffe, Arznei treten sorgfältig ausgesuchte, rhythmisch organisierte, auf feierliche Weise gesprochene oder gesungene Verse. Lieder sind ihrer ältesten Bestimmung nach mehr als schöner Klang; sie besitzen einen gegenständlichen Charakter, werden als Vorrat aufbewahrt und bei besonderer Gelegenheit hervorgeholt. Diese durchaus praktisch gemeinten Sprechhandlungen in Versen schließen sich an die Anrufung an und lenken sie in die gewünschte Richtung. Meistens wird bereits am Anfang des Gedichts die besondere Absicht bekundet: Preisen, Grüßen, Segnen, Widmen, Willkommen heißen, Abschied nehmen, Hochleben lassen, Sich weihen, Beten, Glück wünschen, Beschwören, Klagen, Verkündigen, Danken, Gedenken, Mahnen, Verbannen, Verfluchen – die Aufzählung ist nicht vollständig. Zu jeder dieser Sprechhandlungen sei ein Beispiel aus der deutschen Lyrik vom 10. bis zum 20. Jahrhundert angeführt (entnommen der repräsentativen und leicht verfügbaren Anthologie des *Neuen Conrady*).

Preisen:
   Du edler Brunnen du, mit Ruh und Lust umgeben (Opitz),
Grüßen:
   Arkadien, sei mir gegrüßt (Uz),
Segnen:
   Sei fruchtbar, o teurer Boden,
   Ich segne dich mild und gerührt (Chamisso),
Widmen:
   Lange lieb' ich dich schon, möchte dich, mir zur Lust,
   Mutter nennen, und dir schenken ein kunstlos Lied
   (Hölderlin),
Willkommen heißen:
   Willkommen, o silberner Mond,
   Schöner, stiller Gefährt der Nacht! (Klopstock),

Abschied nehmen:
    Wohlauf! noch getrunken
    Den funkelnden Wein!
    Ade nun, ihr Lieben! (Kerner),
Hochleben lassen:
    Ich trink und rufe dreimal Hoch! (Karsch),
Sich weihen:
    Für deutsche Sitt und Art -
    Für jeden heilgen deutschen Hort,
    Hurra, zur Kriegesfahrt! (Freiligrath),
Beten:
    Aus tiefer Not schrei ich zu dir,
    Herr Gott, erhör mein Rufen (Luther),
Glück wünschen:
    herzeliebez frouwelîn,
    got gebe dir hiute und iemer guot! (Walther von der
    Vogelweide),
Beschwören:
    sizi, sizi, bina: inbot dir sancte Maria
    hurolob ni habe du, zi holce ni fluc du
    (Lorscher Bienensegen: Sitz, sitz, Biene! Das hat dir die
    heilige Maria befohlen: / du hast keine Erlaubnis, in den
    Wald zu fliegen),
Klagen:
    Meister, ohne dein Erbarmen
    Muß im Abgrund ich verzagen (Brentano),
Verkündigen:
    Einmal kommt – ich habe Zeichen -
    Sterbesturm aus fernem Norden (Lichtenstein),
Danken:
    Dir sei Dank, daß du uns den Tag
    Für Schaden, Fahr und mancher Plag
    Durch deine Engel hast behüt't (Hermann),

Gedenken:
  Ich denke dein, bis wehende Zypressen
  Mein Grab umziehn (Brun),
Mahnen:
  Seele, vergiß sie nicht,
  Seele, vergiß nicht die Toten! (Hebbel),
Verbannen:
  Laß, o Welt, o laß mich sein! (Mörike),
Verfluchen:
  Ein Fluch dem König, dem König der Reichen (Heine).

Zur Sprechhandlung des Preisens gehören auch Anrufe, die das Verb aussparen und sich damit begnügen, einen Namen (meist mit vorangestelltem »O«) zu nennen, wie es in Brentanos »O Stern und Blume« der Fall ist oder in der zugleich preisenden und schmähenden Hymne Brinkmanns, die bis zum Schluss Nomina aneinanderreiht: »Pomodoro! O Sciopero! O Lire! O Scheiß!« Die Gattungen der Lyrik ließen sich statt, wie üblich, nach Form oder Thema besser nach ihren spezifischen Sprechhandlungen einteilen: Lobeshymnen, Gebete, Segenssprüche, Gelöbnisse, Beschwörungen, Klagen, Mahnungen usw.

Die in einem Gedicht bekundeten Intentionen des Preisens, Betens, Segnens, Dankens sollen – angelehnt an den linguistischen Begriff der ›Sprechakte‹, ohne sich mit ihm zu decken – ›Sprechhandlungen‹ heißen, weil es Handlungen sind, die im Sprechen vollzogen werden. Sie setzen das sprechende Ich mit einem ansprechbaren – wie die Beispiele zeigen: lediglich anrufbaren, also nicht zur Antwort verpflichteten – Partner in Verbindung. Gedichte sind einseitige Sprechhandlungen, die wegen der Nicht-Reaktion oder Nicht-Existenz des Adressaten ›Poesie‹ bleiben. Im Unterschied zur alltäglichen Anrede an eine reale Person erzeugt die Sprechhandlung des Gedichts selbst die Gestalt, die es anruft. Außerhalb von

Horaz' Ode nahmen weder ihr Verfasser noch dessen Publikum an, dass es möglich sei, einen Weinkrug anzurufen. In der Lyrik sind Sprechhandlungen Als-ob-Handlungen: Das Gedicht trägt sie vor, als ob es von der Möglichkeit eines Erfolgs überzeugt wäre. Es betet zu Aphrodite, auch wenn die Göttin der Bitte nicht entsprechen sollte; es grüßt Arkadien, auch wenn sich die aus Geographie und Phantasie gemischte Landschaft nicht um Grüße aus Deutschland kümmert; es beschwört die Bienen, nicht in den Wald zu fliegen, auch wenn sie es trotzdem tun. Sprechhandlungen werden nicht beschrieben und nicht im Präteritum erzählt, sondern eben jetzt im Augenblick des Sprechens vollzogen, wobei der Ausgang der Handlung nicht abzusehen ist. Das Gedicht endet, ehe das Wunder der Erhörung eintritt, auf das es hofft. Deshalb können Sprechhandlungen nur im Präsens stattfinden, dem typischen Tempus der Lyrik; ihr eigentliches Medium ist der mündliche Vortrag, nicht die schriftliche Aufzeichnung.

Nur Menschen können sprechen und Sprache verstehen. Über diese anthropologische Grenze geht die Sprache der Lyrik hinaus. Ihre Anrufe und Sprechhandlungen wenden sich an merkwürdige Adressaten: selten an lebende Menschen, die eine solche Ansprache wirklich vernehmen könnten (so immerhin bei Trink-, Jagd-, Soldaten-, Handwerksburschenliedern und Gratulationen); häufig an Gottheiten, die sich der Mensch nach seinem Ebenbild geschaffen und daher mit Ohren ausgestattet hat, darüber hinaus mit dem Vorzug, selbst in himmlischer Ferne zu vernehmen, was auf Erden gesprochen wird; häufiger noch an Dinge und Begriffe, die gewiss nichts hören können, an Weinkrug, Biene, Stern und Blume, an Arkadien, Vaterland, Tugend und Freude, in einem Gedicht Hagedorns sogar an den »verlornen Schlaf«. Was abwesend ist, wird als anwesend, was taub ist, als hellhörig vorgestellt. Gedichte halten an der animistischen Überzeugung fest, dass alles auf der Welt von Geistern belebt sei, die geneigt sind, Versen zu lauschen, ihnen mitunter sogar zu willfahren. In der archaischen, nur im Rahmen des Gedichts noch gültigen Denkweise sind Materie, Pflanzen, Tiere, Menschen, Seelen, Geister nicht scharf voneinander getrennt, sondern miteinander verwandt, ineinander verwandelbar und deshalb auf gleiche Weise ansprechbar. Es ist eine spezielle Leistung des Anrufs und eine generelle Aufgabe der Lyrik, die Seele und die Dinge einander anzunähern. Ob der Anruf im Ernst voraussetzt, dass der Angerufene ihn höre (wie in Sapphos Ode an Aphrodite oder in der althochdeutschen Beschwörung der Bienen), ob er mit Hilfe der poetischen Konvention das Vaterland oder die Tugend zu göttlichen Ehren erheben möchte, ob er nur mit dieser Konvention spielt und prosaische Sujets wie Wind und Morgenfrühe mit ungewohnter Schönheit zu schmücken versucht: die verschiedenen Grade des Glaubens und Unglaubens ändern nichts an der Diktion des Gedichts.

Poetische Sprache und naturkundliches Wissen gehen getrennte Wege. Ein Gedicht Richard Barnefields, eines Zeitgenossen John Donnes, spricht die Nachtigall an: »None takes pity on thy pain: / Senseless trees, they cannot hear thee« (Niemand hat Mitleid mit deinem Schmerz: / Bäume ohne Sinne, sie können dich nicht hören) – die Nachtigall kann, wie es Prämisse jeder Anrufung ist, die Sprache des Dichters verstehen; die Bäume jedoch können, wie es naturwissenschaftlicher Erkenntnis entspricht, die Sprache der Nachtigall nicht verstehen. Barnefields Feststellung, dass Bäume taub sind, hindert einen anderen Dichter derselben Epoche, John Fletcher, nicht daran, Bäume anzurufen und sie, als wäre er Orpheus, zum Tanz aufzufordern: »All ye woods, and trees, and bowers / […] Move your feet / To our sound« (All ihr Wälder und Bäume und Lauben / […] Bewegt eure Füße / Zu unserem Schall).

Anrufungen und Sprechhandlungen demonstrieren die

eigentümliche, anderen Menschen fehlende Befähigung der Dichter, alles auf und über der Welt als geistige Wesen ansprechen zu können.

Die Anrufung ist im Gedicht kein einzelnes Element neben anderen. Sie durchdringt das Gedicht, prägt seine Gestalt, gibt ihm seine Einheit. Die erste Strophe von Goethes *Ganymed* lautet:

Wie im Morgenglanze
Du rings mich anglühst,
Frühling, Geliebter!
Mit tausendfacher Liebeswonne
Sich an mein Herz drängt
Deiner ewigen Wärme
Heilig Gefühl,
Unendliche Schöne!

Der Sachverhalt dieser Zeilen ließe sich auf die triviale Mitteilung ›Ich freue mich, dass Frühling ist‹ reduzieren. Doch alles wird anders durch den Anruf »Frühling, Geliebter!«, der sogleich die Rollen zweier Personen schafft: das sprechende Ich, verkleidet in die mythische Figur des von Zeus geliebten und entführten Knaben Ganymed, und den von ihm angesprochenen Frühling, verklärt zum liebenden Gott. Sobald der Frühling – als meteorologisches Phänomen wetterwendisch, oft enttäuschend und mit unscharfen Grenzen zu anderen Jahreszeiten – durch die Anrufung zu einer Person geworden ist, Name, Gesicht und Körper erhalten hat, besitzt er einen eindeutigen und idealen Charakter: Er ist wolkenlos (»im Morgenglanz«), warm (»anglühst«, »Wärme«), »rings« frei von störenden Spuren der Zivilisation, übermächtig (»tausendfach«, »unendlich«), doch bei all dieser Perfektion ein fühlendes und fühlbares Wesen. So kann zwischen Mensch und Jahreszeit eine Liebe auf den ersten Blick entstehen, als wären sie Jünglinge mit erotischen Neigungen im griechischen Stil. Während der Vokativ vom Ich zum »Du« führt, nimmt das dem Anruf antwortende Begehren die umgekehrte Richtung: »Du« – »mich«. Im Anruf »Geliebter!« vereinigen sich die beiden Bewegungen: Der Geliebte liebt den Liebenden, der euphorisch seine Liebe erklärt. Im gewöhnlichen Leben ist die Freude des Menschen über den Wiederbeginn der Wachstumsperiode einseitig; dem Wetter, den Pflanzen und Tieren sind die Menschen gleichgültig. Ist jedoch die Jahreszeit in eine Person verwandelt, so kann sie das ihr entgegengebrachte Gefühl erwidern. Das Gedicht verschafft also durch das Mittel der Personifikation – was immer man anruft, wird zur Person – dem Leser die Illusion, er finde und empfinde in der seelenlosen Welt eine seelische Heimat.

Es läge nahe, Gedichte wie andere sprachliche Äußerungen als Kommunikation zwischen Sender und Empfänger so zu verstehen, dass der Dichter seinem Leser etwas in poetischer Form mitteilen wolle. Zahlreiche Theorien der Lyrik und zahllose Interpretationen einzelner Gedichte halten sich an dieses Modell. Doch die Kommunikation von Lyrik geht, wie sich an Anrufung und Sprechhandlung zeigt, einen anderen Weg. Sie gleicht weder der öffentlichen Rede noch der privaten Mitteilung, die beide in der Tat an anwesende Zuhörer adressiert sind. Vielmehr entspricht der Ablauf lyrischer Kommunikation dem Gottesdienst, in dem der Priester vor der Gemeinde und stellvertretend für sie Gott anruft. An diesen richten sich Lobpreis und Bitte des Priesters, nicht an die Gemeinde, die ihn bei der Verrichtung seiner Gebete nur von hinten sieht. An dieser Konstellation sind drei, nicht zwei Parteien beteiligt: der Sprecher, die angesprochene Instanz und die Mithörer, die als Zeugen und Nutznießer die priesterliche Sprechhandlung verfolgen, an einigen Stellen sie im Chor verstärken. Sie hoffen auf den Segen, den ihnen eine erfolgreiche Anrufung Gottes durch den Priester verschaffen wird. So ist auch der Hörer oder Leser eines Gedichts nicht direkter Adressat, sondern indirekter Beobachter der Anrufung, die sich an ein anderes Wesen richtet. Damit unterscheidet sich Lyrik von den übrigen Formen der Literatur: Epen, Dramen, Romane, Erzählungen, Aphorismen werden von ihren Autoren so eingerichtet, dass sie auf Zuhörer, Zuschauer, Leser wirken, also auf Menschen und nicht auf Numinosa.

Ausnahmsweise nur reden Verse Hörer oder Leser direkt an, etwa in dem Nachtwächterlied »Hört, ihr Herrn, und laßt euch sagen, / unsre Glock hat zehn geschlagen!« Doch sogleich nach dieser Apostrophe der Bürger in Hörweite fährt das Lied mit der Anrufung des fernen Gottes fort: »Zehn Gebote setzt' Gott ein; / gib, daß wir gehorsam sein!«; mit Anruf und Bitte an ihn endet die Strophe: »Herr, durch deine Gunst und Macht / gib uns eine gute Nacht!« So hilft der »Herr«, bewegt vom Gesang des Nachtwächters, den »Herrn«. Ähnlich umrahmt Matthias Claudius' *Abendlied* die Anrede an menschliche Personen, »So legt euch denn, ihr Brüder, / in Gottes Namen nieder«, mit vorausgehender und nachfolgender Anrufung einer übermenschlichen Person: »Gott, laß uns dein Heil schauen« und »Verschon uns, Gott! mit Strafen«. Die Anrede ergeht also, durch die Anrufung ermächtigt, »in Gottes Namen«.

Widmungsgedichte verkürzen das lyrische Dreierverhältnis zur rhetorischen Zweierbeziehung der Anrede, da sie sich um die Gunst eines realen, wenngleich privilegierten Lesers bemühen (und dieses privilegierte Verhältnis wiederum vor Dritten, den gewöhnlichen Lesern, ausstellen). Baudelaire eröffnet *Les Fleurs du mal* mit der spöttischen Anrede *Au Lecteur*, die mit einer Apostrophe endet: »Hypocrite lecteur, – mon semblable, – mon frère!« (Heuchlerischer Leser, – meinesgleichen, – mein Bruder!). Nur auf eine solche Hinwendung zu den Zuhörern oder Lesern trifft der rhetorische Begriff der Apostrophe zu; er kommt aus dem

Gerichtsverfahren in der Antike, wo er die Wendung der Verteidigungsrede vom Richter zum Kläger oder zum Publikum bezeichnet. Die Apostrophe sollte nicht mit der Anrufung vermengt werden, die einem unsichtbaren, abwesenden Adressaten gilt, der nicht »meinesgleichen« ist.

Der Anrufung einer heidnischen oder christlichen Gottheit ist oft der bittende Imperativ »hör!« voran- oder nachgestellt. Indem er den Anruf eigens ankündigt, soll er dessen Chancen verbessern, ans Ziel zu gelangen. Shelleys *Ode to the West Wind* bittet den Westwind: »hear, oh, hear!« Kehrt diese Formel in der modernen Lyrik wieder, so gilt sie einem anderen Adressaten. Der Titel von Uwe Kolbes *ode an den sturm nach null uhr fünf* lässt eine Anrufung im Stil früherer Zeiten vermuten, als man dem Sturm noch die Fähigkeit und Neigung zutraute, Oden anzuhören. Doch trotz des traditionellen Einsatzes mit »hör« enttäuscht bereits die erste Zeile von Kolbes Ode diese Erwartung: »hör wie der wind geht höre wie mir die seele schlägt«. Dies ist nicht zum Sturm gesagt, sondern zu einem imaginären Hörer mit menschlichen Ohren, der dem poetischen Text lauschen möge. Vielleicht fühlt dieser Hörer sich von den dichterischen Worten angesprochen, gewiss jedoch nicht angerufen. Die Formel lebt weiter, ihr Sinn ist erloschen.

In der modernen Lyrik hören die Anrufungen allmählich auf, nachdem der Glaube an ihre Wirksamkeit schon lange vorher geschwunden war. Aus dem Widerspruch zwischen der lyrischen Konvention der Anrufungen und dem historischen Prozess der Aufklärung erwuchsen Kompromisse, an denen sich das Ende der Konvention abzeichnet. Zwar bequemt sich Goethes Gedicht *Das Göttliche* noch zur traditionellen Anrufung – »Heil den unbekannten / Höhern Wesen, / Die wir ahnen!« –, dann aber lässt es diese Wesen im Vagen verschwimmen. Was soll man von unbekannten, lediglich geahnten Wesen fordern und erwarten? Es ist nur konsequent, dass sich Goethes Gedicht nicht weiter mit den »höhern Wesen« beschäftigt und stattdessen die moralischen Pflichten der Menschheit erläutert.

Mörikes Epigramm *Auf eine Lampe* beginnt mit dem Anruf an ein beseeltes Gebilde: »Noch unverrückt, o schöne Lampe, schmückest du«, geht aber bald vom Pronomen der 2. Person (»du«, »deiner«) zu dem der 3. Person (»sein«, »ihm«) über, wie es bei der Beschreibung eines unbeseelten Gegenstands angemessen wäre:

> Ein Kunstgebild der ächten Art. Wer achtet sein?
> Was aber schön ist, selig scheint es in ihm selbst.

Selbst in der Moderne werden Versuche unternommen, das lyrische Spiel der Anrufung mit gläubigem Ernst zu betreiben und Gedichte wie Gebete klingen zu lassen. Vor allem Rilke nützt solch poetisch-religiöse Zweideutigkeit. Seinen Lesern steht es frei, Eingangsformeln wie »Herr: es ist Zeit« und »Gott, du bist groß« aus frommer Überzeugung beizustimmen oder sie als literarische Reminiszenz an Zeiten zu schätzen, die der Dichtung glaubten.

Doch all die Kompromisse und Wiederherstellungen halten nicht die Tendenz der modernen Lyrik auf, Anrufung und Sprechhandlung aufzugeben. Es mag überraschen, dass bereits an vielen Gedichten Eichendorffs die Folgen solcher Bescheidung sichtbar werden:

> Schweigt der Menschen laute Lust:
> Rauscht die Erde wie in Träumen
> Wunderbar mit allen Bäumen,
> Was dem Herzen kaum bewußt,
> Alte Zeiten, linde Trauer,
> Und es schweifen leise Schauer
> Wetterleuchtend durch die Brust.

Der Wohlklang von Reim, Metrum, Vokabular täuscht darüber hinweg, dass hier ein chaotisches Nebeneinander von Einzelheiten herrscht, die weder syntaktisch zusammenpassen noch sachlich zusammenhängen. Es fehlt ihre Vereinigung durch eine Sprechhandlung. In Eichendorffs *Abend* kündigen sich Züge der modernen Lyrik an: die rätselhafte Zuordnung der Wörter, die Inkohärenz der genannten Gegenstände, die Verselbständigung der äußeren Form zum einzig organisierenden Prinzip, das Verschwinden des Ich (das sich vielleicht aus »Brust« erschließen lässt, aber grammatisch nicht existiert). Eichendorffs romantisch-moderne Komposition – oder Dekomposition – kehrt nahezu unverändert in der Avantgarde des frühen 20. Jahrhunderts wieder, etwa bei Trakl:

Es schweigt die Seele den blauen Frühling.
Unter feuchtem Abendgezweig
Sank in Schauern die Stirne den Liebenden.

Die herkömmlichen Sprechhandlungen führten notwendigerweise ein Ich, ein Du, eine Absicht mit sich. Das moderne Gedicht meidet die Pronomina der 1. und 2. Person, sodass sich die Sprache von allein zum vorliegenden Text arrangiert zu haben scheint. Schon Mallarmé hatte diese Entwicklung zur absoluten Poesie, die keinen Zweck verfolgt, auch keine Gesten der Zweckhaftigkeit mehr imitiert, beobachtet und verteidigt: »Das reine Werk erfordert das sprachliche Verschwinden des Dichters; er überlässt die Initiative den Wörtern, die durch ihre Ungleichheit in Bewegung gesetzt werden.« Die moderne Lyrik gibt nicht mehr das Versprechen einer Anrufung, die so tat, als könne sie durch das Gedicht etwas außerhalb des Gedichts bewirken. Insofern ist das moderne Gedicht, das ohne die zusammenfassende Energie einer Sprechhandlung auszukommen versucht, zwar weniger eingängig, aber aufrichtiger als sein würdevoll kostümierter Vorgänger – dennoch verdankt es ihm den Überschwang seiner Sprache.

Selbst im Verzicht auf die lyrische Konvention bleibt die Erinnerung an sie lebendig. Bewusste Negation hält das Negierte im Bewusstsein. Doch nicht allein als Verlust ist die Anrufung im modernen Gedicht spürbar; sie hat durch Jahrtausende lange Gewohnheit die Erwartung des Lesers so geprägt, dass er auch dort eine Anrufung zu vernehmen glaubt, wo sie nicht ausdrücklich steht. Eichendorffs Gedicht *Abend*, das weder eine Anrufung noch eine Sprechhandlung enthält, wird dennoch wie eine Anrufung verstanden, als ob es hieße: ›O Erde, o Bäume, o alte Zeiten, o linde Trauer‹. Beginnt ein Gedicht Celans, *Stilleben*, mit der Zeile »Kerze bei Kerze, Schimmer bei Schimmer, Schein bei Schein.«, so begnügt sich die Lektüre dieses Satzes, dem das Verb fehlt, wohl nicht mit der Vermutung, hier werde Kerzenschein beschrieben. Da am Anfang eines Gedichts häufig die Anrufung ohne Verb steht, wird auch Celans Vers nach diesem Muster ergänzt: ›O Kerzen, o Schimmer, o Schein‹. Wie gut Celan über die Bedeutung des Anrufs für die Lyrik Bescheid wusste, verrät die Zeile »angerufen vom Meer« im selben Gedicht (wobei Subjekt und Objekt die gewohnten Plätze tauschen: »der Mund« ruft nicht das Meer an, sondern wird »angerufen vom Meer«). Sobald etwas in einem Gedicht steht, wächst den Wörtern eine übermenschliche Aura zu. Unwillkürlich kehren beim ehrfürchtigen Lesen die abgesetzten Götter, die vertriebenen Geister und mit ihnen die nutzlosen Anrufungen zurück.

2

Gaben

Unter dem Titel *Armer Kinder Bettlerlied* nahmen Arnim und Brentano »Es sungen drei Engel einen süßen Gesang« in *Des Knaben Wunderhorn* auf. (In Mahlers 3. Sinfonie und Hindemiths *Mathis der Maler* kehrt es vertont wieder.) Eine ältere Fassung lässt deutlicher als die romantische Bearbeitung den Charakter eines Bettellieds am zweckgerichteten Lob Gottes erkennen: »Er speis' uns mit dem Himmelbrot, / das Gott wohl seinen zwölf Jüngern bot.« Wer dieses Lied hörte, sollte die bettelnden Kinder, die Gott um himmlische Speise anflehen, mit irdischer Speise sättigen. Noch heute ziehen Kinder am Dreikönigsfest als Sternsinger umher und sammeln Gaben ein; früher bedankten sie sich mit den Versen: »Man hat uns ehrentlich geben; / Der liebe Gott laß euch mit Freuden leben!« Die Gabe von Mensch zu Mensch wird leichter gegeben, wenn die Bitte den Umweg über Gott nimmt und in Verse gefasst ist; beide Bedingungen hängen zusammen. Das Singen der Verse, eine kleine immaterielle Gabe an die Zuhörer, trägt den Sängern eine kleine materielle Gabe ein, die dem Geber eine große Gabe in Aussicht stellt, den Segen Gottes. Das *Vater unser* mahnt den überirdischen Urheber aller irdischen Dinge an seine Pflicht, großzügig zu sein: »Unser täglich Brot gib uns heute!« Seitdem die Menschen das Paradies verspielt haben, herrscht Nahrungsmangel. Die kärglichen Reste des einstigen Überflusses wollen erfleht sein. Schon Homer nennt die Götter, und er folgt damit einer älteren indogermanischen Formel, »Geber von Gütern«. Gesänge, die von den Göttern Nahrung erbitten, finden sich auch bei den stets von Hunger bedrohten Wilden. Verbessert der zivilisatorische Fortschritt die Ernährungslage, so sieht man Speisen nicht mehr als erbetenes, erbetetes Geschenk der Götter an, die für die periodische Wiederkehr von Jagdwild, Wachstum und Ernte sorgen, sondern als wohlverdientes Resultat angestrengter Arbeit und kluger Vorratshaltung. Dann erinnert nur noch das Brauchtum an die archaische Nahrungslyrik – beim Erntedankfest, am Nikolaustag und an Weihnachten («Heute kommt der Weihnachtsmann, / kommt mit seinen Gaben«). Heiter klingt die Bitte um Nahrung, wenn eine gesellige Runde von Männern, Teilnehmer eines griechischen Symposions oder eines studentischen Kommerses, ein Trinklied anstimmt.

In den Nahrungsliedern ist der praktische Zweck der gesungenen und gesprochenen Lobpreisungen, Klagen, Wünsche, Bitten und Danksagungen offenbar. Da sämtliche Sprechhandlungen der Lyrik etwas wollen und die ihnen zugeordneten Anrufungen denjenigen bezeichnen, von dem man etwas will, muss sie auf die Balance von Gabe und Gegengabe achten. Beim Versuch, eine Gabe zu erhalten, gelten die Regeln des Tausches: Man gibt etwas, um etwas zu erhalten – do ut des. Nur wer wenigstens eine geringe Gabe anbietet, hat Aussicht und sogar einen gewissen Anspruch, eine größere Gabe zu empfangen. (Die Differenz im Wert der beiden Gaben kann durch Dank – auch er eine kleine Gabe – ausgeglichen werden.) Mit dem Lied beginnt der Gabentausch: Es ist eine Gabe, eine Vorgabe, an den Geber. Doch setzt es auf eine andere Art von Tausch, als er auf dem Markt üblich ist, wo verschiedene Waren gleichen Werts (der sich auch in Geld ausdrücken kann) einander gegenübertreten. Beim Gabentausch, den das Lied vorschlägt, werden ungleiche Werte gegeneinander aufgewogen: Der Bittsteller bietet eine geistige Leistung für eine dingliche Belohnung. Seine Leistung besteht in rhythmischem, gereimtem Sprechen, in Gesang, ritueller Bewegung, zuweilen im kostümierten Auftritt. Die Belohnung besteht in Speise und Trank, Fruchtbarkeit der Felder, Gesundheit von Mensch und Vieh. Die Gabe der Sänger ist erhebend für die mächtigen Wohltäter; deren Gegengabe ist nützlich für die bedürftigen Menschen. Um den »Gebern von Gütern« die Ablehnung der Bitte schwer zu machen, geben sich die Bittenden so, als dürften sie der Gewährung gewiss sein. »Ihr schickt uns alles aus der andern Welt, o Geister!« singen die Kwakiutl-Indianer. Ein Gedicht Goethes dankt für ähnliche Gunst der gottähnlich gestalteten Mutter »Natur«:

Und frische Nahrung, neues Blut
Saug' ich aus freier Welt;
Wie ist Natur so hold und gut,
Die mich am Busen hält!

Erbittet man etwas von nahestehenden Personen, so genügt dafür die alltägliche Redeweise; sollen jedoch Götter und Geister zum Geben bewogen werden, so bedarf es einer förmlichen und geformten Sprache; es ist daher von Vorteil, die Bitte als Gebet einzukleiden. »Euchesthai«, das griechische Wort für Beten und Geloben, heißt ursprünglich Wünschen. Das Gelübde verspricht dem Gott, falls er den dringlichen Wunsch in der Gegenwart erfüllen sollte, eine Gegengabe in der Zukunft. Das Gebet ist eine elementare Gestalt des Gedichts. Da Gebete heute in Gebet- und Gesangbüchern auf ihre rituelle Verwendung warten, herrscht eine gewisse Scheu, sie als Gedichte zu behandeln. In den ältesten Zeugnissen der Lyrik lassen sich jedoch Gedicht und Gebet nicht unterscheiden. Je kunstvoller ein Gebet, je mehr Gedicht es also ist, desto größer die Chance, dass es die kunstverständigen Götter erhören. Juden und Christen waren von der poetischen Vollkommenheit der Psalmen überzeugt, jener David zugeschriebenen Gebete an den Gott des Alten Testaments. Die makellose Form der Verse – in den Bibelübersetzungen des Psalters nicht wiederzugeben – macht den mächtigen Adressaten geneigt, dem vorgebrachten Wunsch zu willfahren. Bei dem mit Hilfe der Poesie zur Freigebigkeit gedrängten Gott ist sich der Psalmist des Erfolgs im Voraus sicher: »Der Herr ist mein Hirte, mir wird nichts mangeln. Er weidet mich auf einer grünen Aue und führet mich zum frischen Wasser«.

Auch Sapphos Ode an Aphrodite ist Gebet und Gedicht zugleich. Der erklärte Zweck dieser Ode ist es, die Göttin um Beistand bei der Verführung eines Mädchens anzuflehen:

Aphrodite, thronend im Glanz, unsterblich,
Kind des Zeus, Trugspinnerin, dich beschwör' ich,
Quäle nicht mit Kummer und banger Sorge,
Hehre, das Herz mir,
Sondern komm, wie du, meinen Ruf vernehmend,
Einst mich aus der Ferne mit Huld erhörtest.

Der Anrufung folgen Lobpreis und Bewunderung: »thronend im Glanz, unsterblich«, eine dem Rang der Göttin entsprechende Schmeichelei, um die Helferin für das eigene Anliegen einzunehmen. Übertreibung, zu der die poetische Sprache immer bereit ist, kann nicht schaden, weil der Bittende damit seinen unterwürfigen Eifer bekundet. Der Göttin, selbst schön und im Schönen zu Hause (»thronend im Glanz«, in »goldener Halle«, auf Reisen von »schönen Sperlingen« begleitet), mögen die schönen Worte, der Wohllaut der metrisch geregelten Strophen als etwas, das ihresgleichen ist, willkommen sein, sodass eine Gegengabe in Aussicht steht. Nützlich ist es, die Göttin daran zu erinnern, dass sie bereits früher einmal geholfen hat – wie auch die Formel »Unser täglich Brot gib uns heute!« Gott den Wink gibt, dass er »heute«, wie schon so oft, diese Gabe zu gewähren habe. Wiederholung vereinfacht den Gang der Dinge: Was einmal geschah, kann erneut geschehen. Dem Gebet wie der erbetenen Gabe ist der Weg gebahnt.

Die angerufene Instanz muss von der Notlage des Bittenden erfahren, ob diese nun in Nahrungsmangel bestehe, in der Bedürftigkeit der menschlichen Existenz schlechthin oder, wie im Fall Sapphos und ihrer Nachahmer, in einer unglücklichen Liebe. Klagen über kollektives und persönliches Unglück, wie sie Gedichte gern anstimmen, hoffen ausdrücklich oder insgeheim auf das erlösende Eingreifen des Gottes in einer aussichtslosen Situation, die mit menschlicher Hilfe nicht zu beheben ist. Dies trifft besonders auf Liebessehnsucht zu: Niemand außer Aphrodite oder Eros vermag die Geliebte oder den Geliebten zur Gegenliebe zu bewegen. (Den Gott der Christen darf man mit solch sündhaftem Verlangen nicht behelligen, weshalb im christlichen Zeitalter die Liebesklagen des auf sich gestellten Liebenden melancholischer ausfallen.) An der Wende vom jetzt noch herrschenden Unglück zum bald eintreffenden Glück steht das Gebet.

»Komm auch jetzt zu mir und erlöse mich aus / Qual und Angst«, fleht in Sapphos Ode die Verliebte die Göttin an. Gebete eröffnen den Austausch zwischen Oben und Unten, zwischen Himmel und Erde: Der laut bekundete Wunsch steigt hinauf, die gewünschte Gabe kommt herab, am sichersten dann, wenn der göttliche Geber sie persönlich überbringt. Deshalb fügen viele Gebete, Lieder, Gedichte den Imperativ »komm!« in ihre Verse ein:

Komm, Schöpfer Geist, kehr bei uns ein,
besuch das Herz der Kinder dein;

Komm lieber Mai, und mache
die Bäume wieder grün;

Komm, Trost der Nacht, o Nachtigall;

Komm, Trost der Welt, du stille Nacht.

Bald werden Aphrodite, Schöpfer Geist, der liebe Mai, Nachtigall und Nacht, die jetzt noch in der Ferne weilen, in der Nähe sein.

Die Bitte »komm!« gibt zu erkennen, dass der Wunsch kurz vor der Erfüllung steht, die Einladung aber auch abschlägig beschieden werden könnte. Shelleys *Song* bittet den »Spirit of Delight« zu kommen: »Oh, come, / Make once more my heart thy home«, doch »Rarely, rarely, comest thou«. Unruhe, Sehnsucht, Hoffnung, Vorwegnahme des Erfolgs, Furcht vor dem Misserfolg wirken als erregende Momente im schwankenden Jetzt des Gedichts. Das Schlechte muss vertrieben werden, damit Platz für das Gute entsteht. Miltons allegorisches Gedicht *L'Allegro* beginnt mit der Verfluchung der Schwermut (»Hence, loathed Melancholy«), die also bedrohlich nahe ist, um die Ankunft der Heiterkeit (»Euphrosyne«) und anderer Allegorien des Glücks vorzubereiten: »But come, thou Goddess fair and free«. Miltons poetischer Widerruf, *Il Penseroso*, vertauscht die Positionen von Schwermut und Heiterkeit; die oberflächlichen Freuden müssen weichen, die tiefsinnige Melancholie wird willkommen geheißen: »Come, pensive Nun, devout and pure«.

Vertreiben und Herbeirufen sind zauberische Gebärden des Gedichts. Der Zweifel an ihrem Erfolg wächst. Rilkes siebente *Duineser Elegie* ruft zwar den Engel an, weiß aber: »Du kommst nicht. Denn mein / Anruf ist immer voll Hinweg«, den Herweg nimmt kein Engel. Ein solches Paradox entsteht, sobald der lyrischen Tradition gläubigen Sprechens das Eingeständnis des modernen Unglaubens entgegentritt. Die Unruhe des Aufschubs ist nicht weniger zu spüren, wenn eine menschliche Person eingeladen wird zu kommen. Es läge nahe, Stefan Georges Verse »Komm in den totgesagten park und schau« als Beschreibung eines Spaziergangs zweier Freunde durch den herbstlichen Park zu verstehen; doch die Aufforderung »komm« macht deutlich, dass das versprochene Glück des »rundgangs zu zwein« (wie ihn ein anderes Gedicht Georges nennt) noch gar nicht eingetreten ist. Indem das Gedicht diese Verzögerung und Ungewissheit bekundet, hat es an der Seelenlage, Zeitstruktur und Sprechweise eines Bittgebets teil.

Gegen manche lyrischen Bittformeln ließe sich einwenden, dass sie erbitten, was ohnehin eintreten würde. Der Mai, die Nacht, die Nachtigall kommen, auch wenn man sie nicht mit dem Zuruf »komm!« lockt. Das moderne Bewusstsein unterscheidet zwischen Naturgesetzen, die vom menschlichen Willen unabhängig sind, und religiöser Gnade, wie sie Gläubige von Aphrodite oder Schöpfer Geist erhoffen. Das archaische Bewusstsein hingegen kennt eine solche Unterscheidung nicht. Solange alles in und über der Welt von Geistern bewohnt ist, vermag die menschliche Beteiligung durch Geben und Nehmen den guten Verlauf aller Dinge zu fördern. Zur ersten Stunde des Tages bittet deshalb der ägyptische König den Sonnengott aufzugehen, als geschähe dies nicht von allein:

Geh doch auf, Re!
Entstehe doch, Cheprer, Selbstentstandener,
Ruti, der aus der Dämmerung kommt!

Mithilfe ist die tätige Art einer Gabe: Worte, Klänge, Gebärden unterstützen die Natur bei Prozessen, die für die menschliche Existenz vorteilhaft sind. Besonders an Oster-

und Frühlingsfesten wird solche Mitwirkung am Wechsel der Jahreszeiten inszeniert und besungen: »So treiben wir den Winter aus, / durch unsre Stadt zum Tor hinaus«. Noch der moderne Dichter tut so, als ob nicht einmal technische Geräte auf seine magische Hilfe verzichten könnten: »Tournez, tournez, bons chevaux de bois«, ruft Verlaine Holzpferdchen zu, damit sie sich auf dem Karussell drehen – obwohl dafür ein Mechanismus sorgt. Die Sprache des Poeten, der einen persönlichen Beitrag zu automatischen Abläufen zu leisten verspricht, bleibt um Jahrtausende hinter der technischen Entwicklung zurück. Es macht den poetischen Reiz dieses anachronistischen Blicks aus, dass er Apparate als verkleidete Naturdinge und als verwandelte Naturgeister ansieht.

Damit die eingeladenen Götter geneigt sind, wirklich – wenngleich unsichtbar – zu kommen, muss ihnen möglichst viel geboten werden, über das schön gesprochene Gebet hinaus ein Opfer oder gar ein eigens für sie anberaumtes Fest. Das rituelle Opfer, das vorwiegend aus Speisen und Getränken besteht, also ein gemeinsames Gastmahl von Menschen und Göttern vorbereitet, benötigt zur Erläuterung seiner Absicht Gebete. Plinius der Ältere erinnert die Römer an den Vorrang der Sprache, eines geistigen Instruments, vor der materiellen Gabe: »Kein Opfer wirkt ohne Gebet.« Im lateinischen Wort »litare« (wovon sich die ›Litanei‹ herleitet) sind die Bedeutungen ›bitten‹ und ›opfern‹ verbunden. Der Mund spricht Gebete, die Hände bringen Opfergaben dar, die Füße bewegen sich zur Prozession und zum Tanz. So ist das Gebet in die Opferhandlung eingebunden. Dieses Verhältnis lockert der christliche Ritus, indem er die dingliche Präsenz der Gaben und den körperlichen Ausdruck der Gläubigen durch eine symbolische Ausdeutung der Liturgie verflüchtigt.

Die altertümliche Verbindung von Opfer und Gebet lebt noch in der altmodischen Sitte weiter, ein Geschenk mit einem Gedicht zu begleiten. Oft gibt bereits dessen Überschrift den Zusammenhang von Wort und Ding zu erkennen: *Mit einem goldnen Halskettchen, Mit einer Hyazinthe, Mit einem Anakreonskopf und einem Fläschchen Rosenöl, Mit ein paar armen Blumen.* Die Gaben sind verbraucht, die Gedichte haben überdauert.

Eine Gabe, die allein mit den Mitteln der Sprache auskommt, ist der Lobpreis. Im Umfang ihrer Macht, nicht in ihrem Charakter unterscheiden sich Götter von Menschen: Beide hören gern Schmeichelhaftes über sich und zeigen sich dem, der sie rühmt, erkenntlich. Der Lobpreis, die feierliche Form der Schmeichelei, ist immer willkommen; er ist eine Gabe, die den Geber außer Kunstfertigkeit wenig kostet, den Gepriesenen aber an seine Größe erinnert und zu standesgemäßer Großzügigkeit verpflichtet. Preisen, Rühmen, Loben, Danken sind lyrische Sprechhandlungen und zugleich hymnische Wortgaben, wie sie Gedichte bereitwillig spenden: an die herrschenden Götter, an die gottgleichen Herrscher, an Sieger und Helden, auch an gewöhnliche Menschen, sofern sie sich in außergewöhnlichen Situationen befinden, vor allem bei Geburt, Hochzeit, Tod, an den Schwellen des Lebens also, die in einen anderen, höheren Zustand hinüberführen. Zu all diesen Wortgeschenken braucht es Dichter. »Ihr harfenmeisternden Hymnen, / Was für ein Gott, ein Halbgott ist's, welcher Mann, den unser Lied nun preist?«, fragt dienstbereit Pindar. »Rühmen, das ists!«, darin fasst Rilke die Aufgaben der Dichter, von Orpheus bis zu ihm selbst, zusammen.

In den Genuss eines Lobpreises kommen sogar einzelne, einzigartige Dinge, die über ihre Gattung hinaus in einen göttlichen oder königlichen Rang erhoben werden. Opitz verleiht einem Brunnen das Prädikat »edel« und redet ihn als »Prinz aller schönen Quell'« an. Von dieser Rühmung mögen sich zunächst Erbauer und Besitzer dieses Kunstwerks geschmeichelt fühlen. Doch hatte bereits das griechische Epigramm das Ziel, alles Schöne zu preisen, als Dank dafür, dass es geschaffen wurde. Schönheit ist eine Erscheinung des Göttlichen im Irdischen. Alles, was die herausgehobene und hervorhebende Sprache des Gedichts nennt, preist sie zugleich. Wenn Barthold Hinrich Brockes die verschiedenen Töne der Nachtigall aufzählt – »Zwitschern, seufzen« und 14 Arten dieser Töne mehr »Ist der holden Nachtigall / Wunderbar gemischter Schall« –, so will der Hinweis auf solchen Reichtum ebenso wie die Auszeichnung mit den Eigenschaften »hold« und »wunderbar« bereits ein Lobpreis des Geschöpfs und seines Schöpfers sein. Nicht unpassend gab Brockes seiner Sammlung den Titel *Irdisches Vergnügen in Gott*. Häufig kündigt schon die Überschrift von Gedichten an, was nun gepriesen werden soll: *Die Alster, Kirschblüte bei der Nacht, Der Wald, Septembermorgen*. Poetisches Ingenium zeigt sich daran, dass es das Preiswürdige in scheinbar alltäglichen Gegenständen entdeckt, an denen die Menschen achtlos vorübergehen, bis das Gedicht sie auf das Wunder im Gewohnten aufmerksam macht und zur Verehrung bewegt, indem sie das Gedicht nachsprechen.

Gedichte sind kurz, doch treiben sie – gemessen an dem Wenigen, was sie mitteilen – einen großen Aufwand mit der Sprache. Sie bemühen sich um ein auserlesenes Vokabular; sie achten darauf, dass alle Wörter sich dem Metrum fügen und angenehm klingen; sie verlangsamen die Rede durch festliche Aufführung, getragene Sprechweise, Gesang und Wiederholung; sie umschreiben und verrätseln einen schlichten Sachverhalt durch Metaphern; sie sagen und verschweigen vieles so kunstvoll, dass Leser, die den Sinn erfassen möchten, grübelnd über dem Text verweilen müssen. Diese Mittel der Lyrik, von denen noch zu handeln sein wird, dienen der Absicht, das Gedicht als Opfergabe herzurichten. Kostbare Verpackung und gravitätische Umständlichkeit beim Überreichen erhöhen den Wert eines Geschenks. Selbst im Zeitalter des gedruckten Buchs bewahren Gedichte noch etwas von ihrer früheren Aufgabe, Bitten als Geschenk einzukleiden. Bis heute werden Gedichtbände aufwendiger gedruckt als andere Bücher: Für eine Seite Lyrik zahlt der Käufer, obwohl weniger darauf steht, mehr als für eine Seite Prosa. Der verächtliche Ausdruck ›Goldschnittlyrik‹ verspottet die im 19. Jahrhundert beliebte prächtige Ausstattung von Gedichtbüchern mit Blindprägung, Ornamenten, Stahlstichen, Vignetten, farbigem oder vergoldetem Schnitt, was alles sie besonders gut zum Geschenk geeignet machte. Moderne Papierverschwendung entspricht der archaischen Zeitverschwendung beim rituellen Vortrag von Hymnen und Liedern. Allerdings beschränkt sich in der Epoche literarischer – und nicht mehr ritueller – Zirkulation der Gabentausch auf die Menschen untereinander, die nicht mehr vom Sinn eines Opfers für Götter überzeugt sind.

Dem Gabentausch zwischen Menschen und Göttern, den Gedichte betreiben, hat der Mythos vom Poeten eine weitere Gabe vorgeordnet: die Begabung zu dichten. Sie haben die Götter nur wenigen Menschen verliehen. Erst diese besondere Gottesgabe befähigt den Dichter, das Gedicht dem Gott als Gabe zu offerieren, um dafür eine Gegengabe zu empfangen, die allen zugutekommt. In einem Vers der altindischen Veden nennt der Dichter Murdhanvat seinen Auftrag und zugleich den Grund, weshalb er imstande ist, ihn zu erfüllen: »Von den opferwürdigen Göttern getrieben will ich jetzt den Agni [den Gott des Feuers] preisen, den alterslosen, hohen.« Opfergaben können alle Menschen spenden, das Preislied dichten kann nur der Dichter. Die Götter bevorzugen seine Gabe und geben deshalb ihm, was er zum Geben braucht. »Odins Gabe« nannten die altnordischen Dichter, die Skalden, ihr Können. Durch einen Trank nahmen sie diese Gabe in sich auf, ähnlich wie die griechischen Dichter, die das Wasser aus dem Quell Hippokrene inspirierte.

(In der Moderne ersetzen Spirituosen – Getränke, denen ein geheimnisvoller ›Geist‹ innewohnt – als probates Mittel poetischer Inspiration den mythischen Trunk.) Bevor also die Menschen zu dichten begannen, besaß bereits ein Gott dieses Vermögen. Schamanen glauben, dass ihnen ihre Gesänge in Traum oder Trance von Geistern eingegeben werden, sodass darin menschliche und außermenschliche Stimmen zusammenklingen. Auch die Eingebung ist eine Gabe: Die Suren des Korans – sie sind Gedichte – stammen Wort für Wort von Gott, der sie Mohammed offenbarte. Der Gläubige, der sie in klassischem Arabisch rezitiert, preist Gott in den von Gott selbst geschaffenen Versen, zu dem schließlich die Gabe zurückkehrt. Nicht anders vertrauten frühgriechische Dichter auf die Mitwirkung der Götter beim Dichten. Alkman, der im 7. Jahrhundert v. Chr. Lieder für Chorreigen dichtete, ruft die Muse an, deren Amt es ist, den Menschen göttliche Weisheit und Schönheit zu vermitteln:

Muse, du Tochter des Zeus, o Kalliope,
Sprich ein gefälliges Wort und zum festlichen
Hymnos stelle die lieblichen Chöre auch.

Der Chor, der die Verse Alkmans vorträgt, wiederholt damit die von einer göttlichen Macht eingegebenen Worte. Weil es göttliche Worte sind, eignen sie sich so gut zur Übermittlung von Botschaften zwischen Himmel und Erde.

Die Berufung auf die Musen wird bald zur poetischen Konvention, die nicht mehr im Ernst die Frage beantwortet, woher denn die Ausdrucksweise der Poeten stamme und wozu sie diene. Im 18. Jahrhundert hören die Musenanrufe auf; an ihre Stelle tritt die Verehrung des Genies. Dabei bleibt ungewiss, ob Genie ein angeborenes Talent, eine professionelle Fähigkeit oder eine psychische Disposition sei. ›Genie‹ ist ein innerweltlicher Ersatz für überweltliche Inspiration.

In romantischer Übertreibung behaupten die Genies von sich selbst, dass sie, wie Victor Hugo es nannte, ein »pontificat de l'infini«, ein Priesteramt des Unendlichen, versehen, als Letzte also die Verbindung mit dem entgötterten Himmel aufrechterhalten, von dem sie irgendwie empfangen haben, was ihre Dichtung an erstaunte Leser weitergibt. Allerdings wird das moderne Gedicht nicht mehr für den Gabentausch mit Geistern benötigt. Es lässt aber nachfühlen, wie die Sprache für die Kommunikation mit dem »Unendlichen«, worin einst die Götter zu Hause waren, klingen könnte. – Um die Sonderstellung des Dichters im Kreislauf der Gaben zu würdigen, erhält er bis heute für seine Werke ein Honorar, wörtlich: eine Ehrengabe, keinen Lohn (der nur ein Entgelt für messbare Arbeit ist).

Da die christliche Kirche auf einer Scheidung der geistlichen Lyrik von ihrem weltlichen Verwandten bestand, wurde eine weitere Ersetzung im poetischen System der Gaben notwendig. Um dem Vorwurf religiöser Anmaßung zu entgehen, setzte die weltliche Lyrik eine andere Person an die Stelle Gottes: die vergötterte Frau. Seit den Troubadours, den Minnesängern und Petrarca sprechen Gedichte am liebsten von der Liebe. Ein Sonett von Martin Opitz überträgt ausdrücklich die religiöse Verehrung eines Gottes auf die poetische Verehrung einer Frau:

> Du hettest sollen seyn wie noch die Tugend war
> Geehret als ein Gott, in der Welt ersten Jugend,
> So were wol gewiß gewesen deine Tugend
> Die Kirch' und Opfferung, der Weyrauch und Altar.

In früheren Epochen, »in der Welt ersten Jugend«, wäre die Frau, die das Sonett preist, »geehret als ein Gott« gewesen; ihr wären Kult und Opfer, »Weihrauch und Altar«, nicht anders als einer Gottheit zugestanden. Eigenschaften und Vermögen solch einer von den Petrarkisten erdichteten Frau sind leichter im Himmel als auf Erden zu finden. Sie ist schön, vollkommen, fern, der sinnliche Umriss eines reinen Geistes; sie wird, nicht anders als ein Gott, mit Anrufung, Lobpreis, Klagen, Wünschen, Bitten bestürmt, lässt sich aber nur selten zu einer Gunstbezeugung bewegen. In dem fingierten Liebesverhältnis, womit Dichter des Mittelalters wie der Neuzeit ihr Publikum unterhalten, kehrt das Tauschverhältnis von Gabe und Gegengabe wieder: Die Geliebte inspiriert den Dichter zum Gedicht, das er der abwesenden Geliebten im Beisein von Dritten weiht, wofür er deren Liebe als Gegengeschenk erhofft. Antike Liebesgedichte hatten sich an die zuständige Gottheit gewandt – an Aphrodite bei den Griechen, an Amor bei den Römern –, und sie gebeten, das widerstrebende Liebesobjekt umzustimmen. Der christliche Gott jedoch gibt sich nicht für ein Arrangement von Liebesaffären her. Dafür muss er es hinnehmen, dass die Poesie die Geliebte an seine Stelle setzt.

3

Die andere Sprache

Manche Zeitgenossen befremdet die Sprache der Lyrik. Ihnen will nicht einleuchten, warum und wozu es Texte geben sollte, die gänzlich anders geschrieben sind als die gebräuchliche Rede: in Versen, Reimen, in erhöhter Tonlage, mit dunklen Bildern. Dieses Befremden ist nicht grundlos, es entspricht durchaus der bewussten Fremdartigkeit von Lyrik. Sie erstrebt Distanz zu der praktisch brauchbaren Sprache, also auch vom praktischen Dasein. Lyrik lässt sich nicht als zweckmäßiger Beitrag zur Kommunikation der Menschen untereinander verstehen. In der modernen Welt zweifelt niemand daran, dass Gedichte eine menschliche Erfindung sind. Doch zu dieser Erfindung wäre es nicht ohne die Überzeugung der Menschen gekommen, dass Gedichte nicht ihre Erfindung seien. Lyrik galt ihnen als Fremdsprache, als andere Sprache, die jeder lernen musste, der mit Geistern reden wollte. Sie weicht hörbar von der gewöhnlichen Sprache ab, um glaubhaft zu machen, dass sie die Redeweise der Götter getroffen habe. Es gibt zwar keinen Beweis, dass den Menschen die erhoffte Kommunikation mit Geistern je gelungen wäre, an die Stelle des fehlenden Beweises tritt jedoch die ästhetische Überzeugungskraft der Verssprache, deren Zauber suggeriert, sie sei mehr als menschliche Kunst. Wirkt eine Form in sich stimmig, so scheint auch das, was sie mitteilt, zu stimmen.

»Ein großer, geheimer Hymnus auf Amun-Re; gesprochen von den Acht Urgöttern« ist, obwohl er von Göttern stammt und geheim bleiben sollte, dennoch glücklich einem Menschen bekannt und von ihm aufgezeichnet worden. Seit Urzeiten sprechen die Götter in Versen. Auch seinen Propheten, Amos etwa oder Mohammed, teilt Gott sich in Versen mit. Der zweite Merseburger Zauberspruch endet mit der Formel

ben zi bena, bluot zi bluoda,
lid zi geliden, sose gelimida sin!
(Knochen zu Knochen, Blut zu Blut,
Glied zu Glied, als ob sie geleimt wären!)

Wirksam ist diese Zauberformel, weil sie, wie die vorangehenden Verse berichten, als erster der Gott Wotan gesprochen hat. Wer sie von da an benützt, um den verletzten Fuß eines Pferdes zu heilen, übernimmt mit dem Spruch die Kraft Wotans. Auffällige und einprägsame Form – Häufung von Stabreimen, Wiederholung gleichgebauter Satzglieder – ist ein Kennzeichen der Göttersprache. Menschliche Rede, so sollen die staunenden Hörer des Spruchs vermuten, fände niemals zu solcher Prägnanz. Poesie ist die Muttersprache der Götter. Sie ist viel zu schön, um von Menschen herzurühren. Otfrids *Evangelienbuch* aus dem 9. Jahrhundert begründet den Gebrauch von Versen (erstmals in deutscher Sprache verwenden sie den Reim) damit, dass durch ihr geregeltes Zeitmaß die Versfüße (»thie fuazi, / zit joh thiu regula«) Gottes Gesetz hörbar machten; die metrisch geordnete Sprache »ist gotes selbes brediga«, Gottes eigene Predigt. Auch in Griechenland waren die Orakelsprüche, die ein Gott durch seine Priester verkündete, in Verse gefasst. Plutarch klagte später darüber, dass betrügerische Weissager in der Nähe von Tempeln den Frauen und Sklaven in Versen die Zukunft verrieten und so die Dichtung in Verruf brächten. Wenn Verse also die spezifische Sprache der Götter sind, dann ist es ratsam, sich ebenfalls in Versen an sie zu wenden. Schon die Höflichkeit gebietet es, die Sprache des Adressaten zu wählen. Die Götter honorieren solches Entgegenkommen und zeigen sich geneigt, die Bitte zu erfüllen.

Das griechische Wort ›Enthusiasmos‹ (von ›entheos‹: worin Gott ist) bezeichnet den außerordentlichen Geisteszustand eines Menschen, dem ein Gott innewohnt und aus dem ein Gott spricht, und zwar in ungewöhnlichen, lyrischen Worten oder durch merkwürdige, tänzerische Bewegungen. Weil die Sprache der Lyrik fremdartig klingt, wurde sie aus dem Enthusiasmus des Dichters hergeleitet, den ein Gott ergriffen habe. Das 18. Jahrhundert wendete die Lehre des Enthusiasmus ins Psychologische: den Dichter ergreife etwas Göttliches aus dem eigenen Innern.

Ein griechischer Mythos erzählt, dass Hermes die Lyra erfunden und sie dann an Apollon abgetreten habe. Das Instrument des Sängers ist demnach eine Nachbildung des göttlichen Modells. Da zudem die Musen den Dichter unterrichtet haben, kennt der Dichter sogar einzelne Ausdrücke der Göttersprache. So weiß Pindar, dass die Insel, die »das Volk / Der Menschen Delos nennt«, einen anderen Namen trägt bei den »Unsterblichen im Olymp: der dunklen Erde weitleuchtender Stern«. Die Ausdrucksweise der Götter ist, nach dieser Probe zu urteilen, majestätisch, bilderreich, schwer zu verstehen, mit einem Wort: dichterisch. Über die komischen Konsequenzen solchen Gleichklangs von göttlicher und poetischer Sprache spottete Lukian. In seiner Satire *Ikaromenippos* verschlägt es den Erzähler in den Olymp, wo er die Musen eben jene Verse singen hört, die er von Hesiod und Pindar kennt; er ist – freilich nur im Scherz – beim göttlichen Ursprung aller menschlichen Dichtung angelangt. Ernsthaft wiederum übernimmt Hölderlin die Rolle eines Dichters, der die Worte der Götter an die Menschen weitergibt: »Alles prüfe der Mensch, sagen die Himmlischen« –

der Dichter hat also vernommen, was die Götter sagen und wollen. Wenn Poesie die Sprache der Götter ist, kommt dem Dichter, der diese Sprache so gut versteht wie die der Menschen, die Aufgabe eines Dolmetschers zu.

Im archaischen Gedicht greifen göttliche, geisterhafte und menschliche Bestandteile ineinander. Eine einheitliche Komposition aus heterogenem Material stellt das Lied dar, wo sich Melodie, Takt und Wort nach ihrer Herkunft unterscheiden und doch zu einem homogenen Werk vereinen. Obgleich das Lied natürliche Mittel verwendet – Stimme, Bewegung der Arme und Beine, Instrumente aus pflanzlichem und tierischem Material –, sind diese Mittel so künstlich zusammengefügt, dass das Ganze fremdartig tönt, als käme es aus einer anderen Welt und leite wieder zu ihr hin. Alkman führte seine Begabung auf ein ungewöhnliches Ereignis zurück: »Gesang und Worte fand Alkman, / Als im Korn er das Gegirr / Hörte der Rebhühner und es verstand.« Die lyrisch-musikalische Sprache öffnet den Zugang zu außermenschlichen Wesen, zu Tieren wie zu Geistern. Selbst im Brüllen des Ochsen entdecken Carduccis Verse eine der Poesie verwandte Sprache, den »inno lieto«, einen fröhlichen Hymnus.

Ethnologen haben bemerkt, dass Eingeborene ihnen selbst unbegreifliche Lieder singen, um Dämonen zu bannen. Diese verstehen offenbar die Geistersprache der Verse, die den Menschen nie vollkommen einsichtig werden kann. Quintilian wunderte sich, dass römische Kultlieder den Priestern, die sie rezitierten, teilweise nicht verständlich waren. Bereits bei den Sumerern bewahrten religiöse Gesänge eine ältere Sprachstufe, die den Gläubigen fremd geworden war. Bis heute halten die Kirchenlieder der russischen Orthodoxen an einem mittelalterlichen Bulgarisch fest, fast bis heute die der Katholiken am Lateinischen. Wer Verse singt oder hersagt, die ihm dunkel sind, gerät darüber nicht in Verwirrung, sondern fühlt sich in ein Geheimnis eingeweiht, dessen Macht sich gerade daran erweist, dass es auch dem verschlossen bleibt, der die heilsame Formel gebraucht. Kommunikation mit Geistern erfordert eine partielle Nicht-Kommunikation mit Menschen. Im Klappentext zu ihren *Zaubersprüchen* verrät Sarah Kirsch, für wen sie eigentlich bestimmt sind: »Ich hoffe, daß Hexen, gäbe es sie, diese Gedichte als Fachliteratur nutzen könnten.«

Manchen Vers, der einst verständlich war, hat der Sprachwandel veralten lassen oder der fortdauernde Gebrauch entstellt. Deutsche Kolonisten, die im 18. Jahrhundert nach Russland ausgewandert waren, verballhornten allmählich den lateinischen Refrain eines deutschen Lieds, »ubi bene ibi patria« (wo es gut ist, da ist das Vaterland), zu »oh wie Pe- wie Petijah«. Der offensichtliche Unsinn störte sie nicht, denn sie durften dahinter einen tieferen Sinn vermuten. Jeder Gesang, dessen Takteinteilung ein Wort in eigenständige Silben trennt oder, umgekehrt, mehrere Wörter zu einem Gesamtwort verbindet, erschwert das Verständnis des Textes, ohne seine Wirkung zu beeinträchtigen. Mechtilde Lichnowsky erzählt, dass sie als vierjähriges Mädchen das von ihrer Mutter gesungene Lied »Abschiedu« geliebt und so gehört habe: »Die Blu – medie am Bachesrand … beim Abschiedu gepflückt …« Von da ist es kein weiter Schritt zur Nonsenspoesie. Hans Arps *Opus Null* hält sich exakt an die Vorschriften von Metrum und Reim; lediglich die Zusammenstellung der Wörter ergibt keinen Sinn:

Ich bin der große Derdiedas
das rigorose Regiment
der Ozonstengel prima Qua
der anonyme Einprozent.

In allen Liedern gehen Sinn und Unsinn, Zauber und Dada ineinander über. Halb verstanden, halb unverständlich deuten die Worte des Gedichts auf eine Sphäre, in der sich andere Klänge und Bedeutungen unter die vertrauten Wörter mischen. Vor allem die moderne Lyrik stellt Dunkelheit programmatisch her. T. S. Eliots *The Waste Land* und Ezra Pounds *Cantos* kultivieren die ›andere Sprache‹ der Poesie, indem sie in ihre englischsprachigen Gedichte Zitate aus fremden Sprachen einbauen, darunter Sanskrit und Chinesisch, was nur wenige Leser entziffern können. Aus den Scherzen der makkaronischen Poesie, der Mischung verschiedener Sprachen in einem Gedicht, wird hier Ernst.

Die Lyrik bevorzugt Wörter, die für altertümlicher und daher edler gelten als ihre Synonyme in der Alltagssprache: Hain statt Wäldchen, Ross statt Pferd, Gold statt Geld, lauschen statt hören, lodern statt brennen, »willt« (in Mörikes *Gebet*) statt willst. Das ältere Wort wird wie eine Reliquie aus einer Welt verehrt, in der Gedichte an heiligen Orten zu heiligen Zeiten bei heiligen Handlungen gesprochen wurden. Dagegen vermeidet die Poesie Fremdwörter und Fachausdrücke der modernen Gebrauchssprache, die keine Patina besitzen, wie etwa ›Reputation‹, ›Oberamtmann‹, ›benachteiligen‹. Provozierend fügt Heine die zu seiner Zeit geläufigen, doch aus der Lyrik verbannten Wörter »Teetisch« und »ästhetisch« in ein Gedicht ein (noch dazu in auffälliger Reimstellung). Verpönt sind neue Wörter, die wie »Teetisch« auf die unpoetische Banalität des Gesellschaftslebens oder wie »ästhetisch« auf die ebenso unpoetische Abstraktheit der Wissenschaftssprache verweisen, also nicht aus dem Bereich stammen, wo sich ewige Natur, archaische Kultur und ein elementarer Wortschatz zur Gründung der Poesie verschworen zu haben scheinen. Wann immer Dichter ein Bild für den Ursprung der Dichtung finden wollen, verlegen sie ihn an Orte fernab von der städtischen Zivilsation, in Wälder und an Quellen. Sie lassen, wie in Vergils *Bucolica*, als Prototyp des Dichters singende Hirten auftreten, die in einer unberührten

Natur auf musisch begabte Dämonen, auf Faune und Nymphen, treffen. Obwohl der größte Teil aller Lyrik in einer zivilisierten Umgebung, in der Stadt und am Schreibpult, entstanden ist, imaginiert sie fast ausschließlich und fast bis in die Gegenwart hinein die naturhafte Umgebung einer archaischen Welt.

Fremdartig klingt jedes Gedicht, sobald es gesungen wird. Heute fehlen der Lyrik, obwohl sich ihr Name von der Lyra herleitet, Musik und Stimme. Bereits Vergils Gedichte, in denen Hirten sich zum Gesangswettstreit verabreden, waren für die Lektüre, nicht für den Gesang bestimmt. Bis ins 19. Jahrhundert beginnen zahlreiche Gedichte mit der Ankündigung »ich singe«, wo es doch in Wahrheit ›ich schreibe‹ heißen müsste. »One's-Self I sing« erklärt Walt Whitman im ersten Vers der »Inscriptions« (der »Inschriften«!), die seine *Leaves of Grass* eröffnen; »Singen« bedeutet hier nicht mehr als ein altertümlich klingendes, poetisches Wort für Schreiben und Drucken von Lyrik. Dennoch ahmt das in Verse gegliederte Gedicht, auch wenn es nicht mehr gesungen wird, den Rhythmus von Tanz, Musik, Gesang nach, von vor- und außersprachlichen Elementen also. Die Wörter eines Gedichts werden nicht allein nach ihrem Sachgehalt ausgewählt und nach ihrer Funktion im Satz aneinandergereiht, sondern nach Maßgabe ihrer metrisch-musikalischen Eignung komponiert, wobei es primär auf das Gewicht der Silben ankommt und erst sekundär auf die Bedeutung des Worts. Die Silbe, die metrische Grundeinheit der Lyrik, ergibt einen Klang; nur das Wort ergibt einen Sinn. Jedes Wort im Gedicht gehorcht also zwei gänzlich verschiedenen Regeln, der metrisch-phonetischen und der syntaktisch-semantischen.

Obwohl sich das Metrum hinter den Wörtern verbirgt, beherrscht es sie. Wenn der Dichter sie geschickt auswählt, kann er diesen Zwang verkleiden, als hätte das gewünschte Versmaß sich von allein aus der natürlichen Stellung der Wörter im Satz ergeben. Heines Zeilen »Du bist wie eine Blume / So hold und schön und rein« sind grammatisch korrekt und so beiläufig gesprochen, dass ihre exakte metrische Konstruktion (dreihebige Jamben mit wechselnd weiblichem und männlichem Versausgang) fast nicht zu spüren ist. Erst im Konfliktfall zeigt sich, dass Metrum und Wort verschiedenen Systemen angehören, der bedeutungsfreien Musik und der bedeutungtragenden Sprache. Selbst Goethe schreckt nicht davor zurück, falls nötig, eine Silbe hinzufügen (»abegewendet«) oder auszulassen (»Dämmrung«). Oft betonen Gedichte Wörter anders als gewohnt, um das Metrum zu retten. Wer C. F. Meyers *Römischen Brunnen* zum ersten Mal liest, wird seinen Einsatz – »Auf steigt der Strahl« – auf der ersten Silbe betonen, bis ihn der Fortgang des Gedichts darüber belehrt, dass er die zweite zu betonen habe.

Da im Vers die Silbe zählt und nicht das Wort, fasst der Versfuß mehrere Wörter zu einer metrischen Einheit zusammen, oder er teilt ein Wort in zwei, drei Einheiten auf. Schillers Vers »Wähle nicht die Fliehende zum Freund« wird durch metrische Betonung im Innern umgruppiert: »Wähle nichtdie Fliehen dezum Freund« – so hätte die vierjährige Mechtilde Lichnowsky ihn gehört. In der frühgriechischen Lyrik durfte die Grenze zwischen zwei Verszeilen sogar mitten durch ein Wort gehen. Lyrik beruft die Wörter zum aufopferungsvollen Dienst am Metrum und befördert sie gerade durch die Verpflichtung, einer außersprachlichen Ordnungsmacht zu gehorchen, in einen höheren sprachlichen Rang. Über die Bereitschaft der Wörter, sich im Gedicht den Zwang des Metrums und des Reims gefallen zu lassen und ihnen die benötigten Silben an der gewünschten Stelle zu liefern, kann man sich auch lustig machen: Ringelnatz bildet zu »Regiment« den Reim »Faltet die Fahnen ent!«. In volkstümlichen Liedern stehen am Ende der Strophe häufig Silbenfolgen, die kein Wörterbuch verzeichnet; sie imitieren Klang

und Rhythmus der Musik: »heidi heida«, »fidiralala, fidiralala, fidiralalalala«, »Juchhe! Juchhe! / Juchheisa! Heisa! He!«
Nicht erst die Avantgarde der modernen Lyrik entdeckte
das Glück, sich endlich einmal von der Aufgabe der Wörter,
Sinnvolles mitzuteilen, befreit zu fühlen.

Wer Verse spricht, schwankt zwischen der ›natürlichen‹
Betonung, die dem lexikalischen Gewicht der Wörter folgt,
und der metrischen Skandierung, die das Gleichmaß der
Versfüße wiedergibt. Heute neigen Laien, Philologen und
professionelle Sprecher dazu, Lyrik wie Prosa vorzutragen;
sie scheuen den feierlichen Tonfall des Versrhythmus. Doch
Tonaufzeichnungen aus dem frühen 20. Jahrhundert zeigen,
dass damals Dichter und Rezitatoren die Eigenart der Verssprache durch eine litaneihafte, geradezu singende Vortragsweise herausstellten. In altertümlichen Kulturen ist bei Versen ein betont rhythmisches Sprechen üblich, wie es bei uns
nur die Kinder bewahrt haben; die Abweichung der metrischen von der alltäglichen Sprechweise soll vernehmbar sein.
Bereits im Sprechtempo unterscheiden sich Vers und Prosa.
Durch Pausen, Wiederholungen, Zögern vor und nach dem
Vortrag, Verweilen auf Vokalen dehnt sich beim Sprechen ein
lyrischer Text, der sich in Sekunden lesen lässt; er verlängert
sich um ein Vielfaches, sobald er gesungen wird. Selbst stille
Lektüre – ein inneres Rezitieren – des Gedichts nimmt mehr
Zeit in Anspruch als die Lektüre oder der Vortrag von Prosa. Da beim normalen Sprechen durchschnittlich im Abstand
einer Sekunde eine Betonung zu erwarten ist, kommen beim
unvermeidlich langsameren Vortrag von Lyrik mehr Betonungen auf dieselbe Textmenge. Deshalb erhält im Gedicht
jedes Wort, jede Silbe ein größeres Gewicht. In Brentanos »O
Stern und Blume« fallen auf das Schlusswort »Ewigkeit«, anders als in der Umgangssprache, zwei Hebungen, was Dauer,
Gewicht und Bedeutsamkeit des Begriffs erhöht. Ebenso ist
Schillers »Fliehende«, entgegen der normalen Aussprache,

auf der ersten und der dritten Silbe betont. Jedes Wort ändert seine phonetischen Eigenschaften und seinen semantischen Status, sobald es in ein Gedicht eintritt.

»O Stern und Blume, Geist und Kleid«: Sind damit ein einzelner Stern, eine bestimmte Blume gemeint oder sämtliche Blumen und Sterne oder der Begriff von Stern und Blume oder ihre Idee? Keine dieser sachlichen und logischen Bestimmungen trifft auf Brentanos Vers zu. Wo jegliche lexikalische Definition versagt, stellen die Wörter illegitime Beziehungen untereinander her: Stern und Blume – beides sind Dinge, die aus ihrer Umgebung hervorleuchten – beginnen einander zu ähneln (manche Blume, wörtlich die Aster, heißt ›Stern‹; Sterne könnte man ›Blumen des Himmels‹ nennen); der Stern verbindet sich mit dem Geist (der Mythos besiedelte Sterne mit Göttern und Halbgöttern), die Blume mit dem Kleid (das häufig mit Blumen und Blumenmustern geschmückt ist; umgekehrt spricht man vom ›Pflanzenkleid‹ der Natur); die Wörter erhalten paarweise männliche (Stern, Geist – nach Maßgabe der traditionellen patriarchalischen Anschauung) und weibliche Eigenschaften (Blume, Kleid; manche Frauennamen leiten sich von Blumen her). Regelmäßige Betonung und symmetrische Anordnung machen die vier herausgehobenen Nomina einander gleich und miteinander vergleichbar. In zufälligen grammatischen Merkmalen wie dem Geschlecht der Wörter (*der* Stern, *die* Blume) spürt die lyrische Sprachverwendung ominöse Nebenbedeutungen auf, die beim Interpreten die Suche nach Sinn und Hintersinn des Textes auslösen. Werden diese Alltagswörter mit neuen – und zugleich sehr alten – Bedeutungen in markanter Konstellation aufgefüllt, so bleibt nicht mehr viel übrig von der schlichten Bedeutung im täglichen Sprachgebrauch.

Es lässt sich nicht bestreiten, dass solche Sinnbeziehungen vom Dichter willkürlich hergestellt und von nichts als formalen Korrespondenzen getragen sind. Was tieferer Sinn zu sein scheint, ist nur ein Spiel von Analogien, die sich auf die Assoziation von Ähnlichkeiten stützen. Diese romantische Sinnkonstruktion, für die ein einzelner Dichter einsteht, macht auch das Willkürliche an der archaischen Lyrik bewusst, die doch höhere Notwendigkeit und kollektive Gültigkeit beansprucht hatte. Notwendig ist lediglich, *dass* sich die Sprache der Poesie von der Alltagssprache unterscheidet; nicht notwendig dagegen ist, *wie* sie sich davon unterscheidet. Bei der Wahl der lyrischen Form herrscht spielerische Freiheit. Deshalb existieren in einer Kultur mehrere Liedgattungen und Gedichttexte nebeneinander, und deshalb ändern sie sich geographisch und historisch von Kultur zu Kultur. Weil sich selbst in den ernsten, sogar heiligen Formen ein Moment von Spiel nicht verleugnen lässt, sind sie dem Scherz, dem Spott, der Parodie ausgesetzt. Wie ein Spiel, das einer Regel folgt, ist jede lyrische Form begrenzt, geordnet und wiederholbar; aber das Spiel war einst nur Mittel, nicht Zweck der Lyrik. Erst wenn ihre elementare Aufgabe, mit Geistern zu sprechen, unglaubwürdig und überflüssig geworden ist, dienen die weiterhin bestehenden, wegen ihres traditionellen Ansehens und ihrer evidenten Schönheit bewahrten Formen nur noch dem Vergnügen.

4

Namen

Altorientalische Hymnen bestehen nicht selten ausschließlich aus der Nennung der zahlreichen Beinamen, die den angerufenen Göttern zustehen.

Heiße, Mächtige,
Starke, Flammengerüstete,
Herrin des Himmels, Herrscherin der beiden Länder,
Auge des Horus und seine Leiterin

– es folgen noch weitere Titel der ägyptischen Kronengöttin, die unter diesen klangvollen Namen ausgezeichnet und verehrt wird. Im gleichen Ton spricht eine sumerische Hymne die Göttin Inanna an: »Dass du hoch bist wie der Himmel – dies ist dein Name; / Dass du weit bist wie die Erde – dies ist dein Name«; in dreizehn Variationen entfaltet die Litanei die Namen der Göttin. Theokrit nennt Aphrodite die »Vielnamige«. Die schmückende, ehrende Aufzählung soll den Eifer des Betenden beweisen, der darauf bedacht sein muss, keinen wichtigen Beinamen, kein wesentliches Attribut des Gottes zu übersehen. Um möglichst alle Vorzüge und Besitztümer des Angerufenen zu erwähnen, zieht der Lobpreis viele große, schöne Dinge heran, entdeckt den Gott als ihren rechtmäßigen Eigentümer und erstattet sie ihm in Form von Beinamen zurück. Die sichtbare Welt ist die Oberfläche des unsichtbaren Gottes. Wer Gott unter dem Namen seiner irdischen Erscheinungen anruft, macht diese auf ihren göttlichen Charakter hin durchsichtig. Der lyrische Anruf befreit die Erscheinungen von ihrer materiellen Schwere und verwandelt sie in Metaphern Gottes. In dieser Doppelbewegung – Ausdehnung des göttlichen Namens auf sinnliche Erscheinungen, Zuordnung der Erscheinungen zu ihrer geistigen Mitte – ist die kultische Aufgabe der Metapher, vielleicht sogar ihr kultischer Ursprung zu suchen.

Wer den wahren Namen eines Gottes oder Geistes weiß, hat Macht über ihn, zumindest Einfluss auf ihn. Doch Jahwe und seinesgleichen möchten nicht, dass es ihnen wie Rumpelstilzchen ergehe. Selbst »Gott« ist kein Name, sondern eine Gattungsbezeichnung, die daher in verschiedenen Sprachen verschieden lautet; wüssten die Menschen seinen wahren Namen, so müsste er ja in allen Sprachen gleich sein. Scheinbar haben die antiken Götter feste Namen; doch jeder dieser Götter wird mit so vielen verschiedenen Namen angerufen, dass der konventionelle Hauptname lediglich der schnellen Verständigung in einer polytheistischen Kultur dient. Bezeichnend ist, dass die Götter bei den Römern anders heißen als bei den Griechen: Merkur-Hermes, Venus-Aphrodite. Auch diese Namen sind nur bewusste oder verschollene Umschreibungen; bekanntlich bedeutet »Aphrodite« die »Schaumgeborene«, »Merkur« die Handelstätigkeit (mercari). Wenn die Menschen den wahren Namen Gottes nicht kennen oder, falls ein Tabu ihn umgibt, nicht nennen dürfen, müssen sie in metaphorische Umschreibungen ausweichen. Immerhin versprechen selbst diese, wenn sie den eigentlichen Namen durch andere Worte andeuten und nachbilden, eine gewisse Einwirkung auf den göttlichen Willen.

Die Psalmen überliefern dem christlichen Europa die altorientalische Sitte, den Gottesnamen nur indirekt zu gebrauchen:

Herr, meine Stärke!
Herr, mein Fels, meine Burg, mein Erretter;
mein Gott, mein Hort, auf den ich traue,
mein Schild und Berg meines Heiles und mein Schutz!

Diese Beinamen Gottes sind Realisationen seiner Macht; zugleich benennen sie das Bedürfnis des schutzlosen, schwachen Beters nach Schutz und Stärke; und schließlich gehen aus solchen Beinamen die schönen Metaphern des an Gott gerichteten Gesangs hervor. »Meerstern, ich dich grüße« – der Beiname »Meerstern« (stella maris) steht dem Gruß an Maria, »Mutter Gottes süße«, voran. In diesem Paderborner Wallfahrtslied aus dem 19. Jahrhundert heißt sie zudem »Rose ohne Dornen«, »von Gott Erkorne«, »Lilie ohnegleichen«, »Trösterin in Leiden«, »aller Jungfraun Krone.« Da göttliche Personen sich nie unverhüllt zeigen und sich nicht bei ihrem verborgenen Namen rufen lassen, werden sie mittelbar durch Dinge angesprochen, die für menschliche Sinne wahrnehmbar sind. Die lyrische Bildersprache legt die verdeckte Korrespondenz diesseitiger Phänomene mit jenseitigen Wesen frei: Der Himmel ist groß wie Inanna, der Fels stark wie Gott, die Lilie rein wie Maria. In allen hervorragenden Bestandteilen der Welt, in Himmel und Erde, Fels und Berg, Rose und Lilie, deutet sich der geheime Name eines Gottes an. Dieser hat, wie die Beinamen beweisen, Reichtum und Schönheit der Welt in Besitz; dem Sprecher des Gedichts stehen lediglich Reichtum und Schönheit der Wörter zur Verfügung, um jene Besitzverhältnisse zu bestätigen. Die irdischen Bilder von Größe, Stärke, Reinheit verweisen auf eine überirdische Sphäre, die der Mensch preisen, in die er aber nicht eintreten kann. Metaphern bezeichnen das, was dem Menschen grundsätzlich mangelt: Er wird nie so groß sein wie der Himmel, so fest wie ein Fels, so rein wie eine Lilie. Immerhin haben die Götter ihm gestattet, in einer irdischen Welt zu leben, in der sich Spuren der göttlichen finden lassen. Die metaphorische Sprache der Gedichte will die Menschen an diese Gnade erinnern.

Zugespitzt ließe sich sagen: das Gedicht ist eine Verzweigung des Namens in viele Namen. Umschreibungen steigern Ruhm und Rang des Umschriebenen; seine Größe entspricht der Zahl der ihm verliehenen Titel – dies gilt gleichermaßen für Gottheiten wie für Herrscher, die Götter der Erde. Rühmung und Rangerhöhung sind elementare Aufgaben des Gedichts. Es vermag Größe und Reichweite des Ruhms zu bezeichnen, indem es durch zahlreiche Umschreibungen des Namens das gewaltige Herrschaftsgebiet des Gerühmten bewusstmacht.

Die neuere Lyrik hat die archaische Technik, Namen zu vervielfachen, nicht vergessen. Rilkes zweite *Duineser Elegie* ruft die Engel mit einer Fülle neuer Namen an; sie heißen unter anderem »Vögel der Seele«, »frühe Geglückte«, »Verwöhnte der Schöpfung«, »Pollen der blühenden Gottheit, / Gelenke des Lichtes, Gänge, Treppen, Throne, / Räume aus Wesen, Schilde aus Wonne«. Sind dies Namen, Titel, Eigenschaften, Bilder, Metaphern, Sachverhalte? Lyrisches Sprechen verwischt absichtlich die Differenzen, weil es mehrere Stufen der Ausdeutung ermöglichen, aber nicht festlegen und begrenzen will. Goethes Gedicht *Wandrers Nachtlied* ruft eine Macht an, die in den ersten sechs Versen nur umschrieben, dadurch aber zugleich gepriesen wird: »Der du von dem Himmel bist, / Alles Leid und Schmerzen stillest«; auf die Rätselfrage, wer das denn sei, geben erst die letzten Zeilen, als läge ein Verbot auf der verfrühten Nennung, eine Antwort: »Süßer Friede! / Komm, ach komm in meine Brust!«

An die Stelle von Engeln und Allegorien kann auch die – von engelhaften und allegorischen Zügen nie ganz freie – Geliebte treten. »Ännchen von Tharau« ist »mein Leben, mein

Gut und mein Geld«, »meine Seele, mein Fleisch und mein Blut«, »mein Licht, meine Sonn«, »mein Täubchen, mein Schäfchen, mein Huhn«. In die Privatsprache von Liebespaaren gehen ähnliche Geheim- und Kosenamen ein, die das wahre Wesen der geliebten Person besser bezeichnen wollen als der Vorname, den andere ihr gegeben haben. Hölderlins »Diotima« wird mit den Beinamen »schöne Sonne«, »Heilge«, »Licht«, »Himmels Botin«, »Liebe« angerufen und damit in eine gottähnliche Position erhoben. Auch Goethes Gedicht *Nähe des Geliebten* verknüpft, als wäre ein Gott anzurufen, die geliebte, ferne, ersehnte Person mit wahrnehmbaren Einzelheiten der nahen Welt:

Ich denke dein, wenn mir der Sonne Schimmer
    Vom Meere strahlt [...]
Ich sehe dich, wenn auf dem fernen Wege
    Der Staub sich hebt [...]
Ich höre dich, wenn dort mit dumpfem Rauschen
    Die Welle steigt.

Doch an die Stelle des alten Glaubens, Gott in und an seiner Welt zu erkennen, ist die melancholische Einsicht getreten, dass lediglich der leidenschaftliche Wunsch die Sinnestäuschung erzeugt hat. Am Ende des Gedichts bekennt der Optativ »O wärst du da!«, dass eine menschliche Person, anders als eine göttliche, nicht durch metaphorische Korrespondenzen vertreten, beschworen und vergegenwärtigt werden kann.

Die poetische Wirkung des Namens ist nicht auf religiöse Lyrik beschränkt. In Brentanos Vers »O Stern und Blume, Geist und Kleid« passen die physikalischen Eigenschaften der vier Substantive nicht zusammen: Großes und Kleines, Konkretes und Abstraktes, Natürliches und Künstliches stehen nebeneinander. Doch die Formel der Anrufung, »O«, macht aus den vier Substantiven unterschiedlicher Herkunft Wesen von einheitlicher Art. Der Anruf »O Stern« verleiht dem tauben astronomischen Objekt Stern den Namen »Stern« und verwandelt es damit in ein menschenähnliches Subjekt. Führt eine Sache über die begriffliche Bezeichnung hinaus einen Eigennamen, so besitzt sie eine Innenseite, ein selbständiges Wesen. Aus Sachen werden quasi Personen, deren Charaktere miteinander korrespondieren. Der Begriff ›Personifikation‹, der die Ausstattung eines nicht-menschlichen Phänomens mit menschlichen Zügen bezeichnet, verharmlost diesen Vorgang. Treffender wäre der Begriff ›Dämonisierung‹, denn es bilden sich bei dieser Transsubstantiation unheimliche Zwitterwesen, halb Materie, halb Geist, halb tot, halb lebendig. Durch Anrufung wie durch metaphorische Umbenennung entstehen so gespenstische Figuren aus einer anderen Welt. Goethes *Willkomm und Abschied* überträgt menschliche Handlungsweisen auf kosmische Erscheinungen: »Der Abend wiegte schon die Erde / Und an den Bergen hing die Nacht«. Die vertrauten Erfahrungen Abend, Erde, Berge, Nacht mutieren zu Dämonen und verwirren in ihrer verwandelten Gestalt die natürlichen Proportionen. Der Abend, sonst ein begrenzter Abschnitt des Erdentags, hat hier so gewaltige Ausmaße, dass er die Erde wie ein Kind in den Armen wiegt; die Nacht hingegen, die doch die gleiche Dimension wie der Abend haben müsste, ist so geschrumpft, dass die Berge, ein begrenztes Gebiet der Erdoberfläche, sie aufnehmen können. Die Erde ist also in der einen Zeile sehr klein, in der anderen sehr groß, je nachdem, ob die metaphorisch gebrauchten Verben ›wiegen‹ und ›hängen‹ sie in ein Kind des Abends oder in eine Herberge der Nacht verzaubern. Das Schrecknis der Dämonen in *Willkomm und Abschied* – »Wo Finsternis aus dem Gesträuche / Mit hundert schwarzen Augen sah« – wird durch das Präteritum gemildert. Wer von der Begegnung mit

Dämonen erzählen kann, hat die Gefahr bereits überstanden. Wer jedoch im Präsens mit Geistern zu tun hat, sollte sie ehrerbietig anrufen, um mit ihnen in ein vorteilhaftes Verhältnis zu kommen.

Erleichtert wird der Umgang mit mythischen Mischwesen, wenn man sie, wie in Mörikes Gedicht, bei ihrem Namen zu rufen versteht: »Du bist Orplid, mein Land!/Das ferne leuchtet«. Da Weyla, die dies sagt, eine Göttin ist, kennt sie den wahren Namen der mit ihr genealogisch verknüpften Insel Orplid: Sie ist Weylas »Kind« und deshalb wie ihre Mutter eine »Gottheit«, weiß daher, anders als gewöhnliche Länder, selbst, dass sie Orplid heißt, die Anrede also ihr gilt. Im *Gesang Weyla's* dürfen Menschen vernehmen, wie Gottheiten einander ansprechen. Das Gedicht setzt – mythologisierend – voraus, es habe mit göttlichen Wesen zu tun; gleichzeitig erschafft es – metaphorisierend – durch seine Sprechweise solche Wesen. Obwohl Mörike den Namen »Orplid« erfunden hat, klingt er so, als gäbe es ihn seit Urzeiten. Je älter ein Name, desto ehrwürdiger ist er. Eine ähnliche Verwandlung einer Sache in eine Gottheit – oder die Entdeckung der Gottheit in einer Sache – durch Namengebung geschieht in Brentanos Versen: Nur der dämonisch beseelte Stern, der als »Stern« angerufen wird, nicht das astronomische Faktum Stern kann in einem lebendigem Verhältnis zu Blume, Geist, Kleid, Liebe, Leid, Zeit und Ewigkeit stehen. Die verschiedenartigen Dinge und Begriffe kommunizieren miteinander, weil sie der Anruf als gleichartig behandelt und überdies gemeinsame sprachliche Eigenschaften die versteckte Verwandtschaft in den Namen hörbar machen: eine enge, durch Reim und Assonanz bezeugte Verwandtschaft von »Kleid« und »Leid«, von »Lieb'« und »Leid«, von »Zeit« und »Ewigkeit«, eine entfernte, an der einsilbigen Wortlänge zutage tretende Verwandtschaft von »Geist« mit »Zeit«, »Kleid«, »Stern«.

Der Name ist Stellvertreter der Person. In der alltäglichen Rede dient er dazu, eine Person in Rufweite anzusprechen oder von einer Person zu sprechen, obgleich sie nicht anwesend ist. In der lyrischen Rede ermöglicht es der Name, eine Person anzusprechen, auch wenn sie außer Rufweite ist. Der Name weist dem in die Ferne gerichteten Anruf den Weg. Obwohl die Insel Orplid »ferne leuchtet«, vernimmt sie den Gesang Weylas. Im Namen, den der Anrufende ausspricht oder umschreibt, wird von dem entfernten oder unsichtbaren Adressaten bereits etwas gegenwärtig und vernehmbar. Lyrik macht Unsichtbares hörbar.

Pindar wusste, dass die olympischen Götter die Insel Delos »der dunklen Erde weitleuchtenden Stern« nennen; er kannte also, zumindest teilweise, die Sprache der Götter. Diese haben lange vor der Entstehung des Menschengeschlechts in einer Sprache geredet, die sich für Menschen metaphorisch anhört, jedoch mit dem richtigen und zugleich schönen Namen den wahren Charakter der Dinge erfasst. Was die Terminologie der Poetik als ›Metapher‹ klassifiziert, als rhetorische ›Übertragung‹ einer Eigenschaft auf einen anderen Tatbestand, das erscheint im Gedicht selbst nicht als künstliche Erfindung, sondern als kunstvolle Auffindung des von den »Olympischen« gebrauchten Namens. Die so gefundene Metapher verschafft einer scheinbar bekannten Sache, die eine durch Gewohnheit abgenutzte Bezeichnung trägt, einen besseren, bislang geheimen Namen. Die Überschrift von Mörikes Gedicht *An einem Wintermorgen, vor Sonnenaufgang* gibt exakt und prosaisch Jahres- und Tageszeit an. Die erste Zeile jedoch umschreibt dieselbe Zeitangabe mit einem poetischen Namen, der sich wie eine Gottheit anrufen lässt: »O flaumenleichte Zeit der dunkeln Frühe!« Der »Wintermorgen, vor Sonnenaufgang« verhält sich zur »flaumenleichten Zeit der dunkeln Frühe« wie »Delos« zu »der dunklen Erde weitleuchtendem Stern«. Das eine ist die unter Menschen gebräuchliche Bezeichnung, das andere der geheime, nur den Göttern und den von ihnen eingeweihten Dichtern bekannte Name. Poetische Metaphern sind inspirierte Umbenennungen: Die Zähne heißen »Perlen«, der Bach heißt »Kristall«, der Mond »Gedankenfreund« oder »Schwester von dem ersten Licht«. Mit Hilfe von Metaphern werden die Dinge auf einen neuen Namen getauft, der ihr ältester sein könnte.

Indem sie Metaphern bildet, entdeckt die poetische Sprache im Banalen das Erhabene:

> Wir haben doch zum Schmause genung
> Von des Halmes Frucht? und Freuden des Weins?
> Winterluft reizt die Begier nach dem Mahl;
> Flügel am Fuß reizen sie mehr!

Diese Strophe aus Klopstocks Ode *Der Eislauf* umschreibt einen schlichten Sachverhalt: Nach dem Schlittschuhlaufen brauchen wir etwas zu essen (»des Halmes Frucht«) und zu trinken (»Freuden des Weins«). Die metaphorischen Umschreibungen erschweren das Verständnis der Ode, verlangsamen die Lektüre und erregen den Verdacht einer tieferen Bedeutung. In der Tat hoffte Klopstock, im tänzerischen Dahinschweben auf dem Eis eine nordische Entsprechung zum Tanzrhythmus der griechischen Lyrik gefunden zu haben. Auch die dichterische Bezeichnung des Geräts, das es zum Eislauf braucht, gibt sich archaisch; sie tut so, als hätten in mythischer Frühzeit die Schlittschuhe »Flügel am Fuß« geheißen.

Nach herkömmlicher Definition ersetzt die Metapher ein Wort durch ein anderes, das aus dem gewohnten Vorstellungsbereich heraus- und in einen ungewohnten hinüberführt. Doch sind Metaphern mehr als ein Spiel mit der Sprache. Das neue Wort eröffnet einem scheinbar bekannten und begrenzten Gegenstand eine neue, größere Sphäre, wie ein weiterer Name Macht und Zuständigkeitsbereich einer göttlichen Person erweitert. Der Prozess der Metaphernbildung kommt nie zur Ruhe; neuere Wörter lösen das neue Wort ab, sobald es durch Gewöhnung den Charakter einer bewussten Metapher zu verlieren droht. Zwar stecken in vielen unserer Alltagswörter ehemalige Metaphern; doch wer sieht noch im »Tageslauf« einen laufenden Tag, in der »Entdeckung« die weggezogene Decke, in »nahezu« die körperliche Annäherung? Es ist Aufgabe der Dichter, für die Erneuerung der metaphorischen Sprache zu sorgen. Sie erneuert sich auch, wenn der Dichter ins Unbewusste abgesunkene Metaphern wieder ins Bewusstsein hebt: »Funde, / aus dem Fruchtfleisch überrascht befreit«, die eines von Rilkes *Sonetten an Orpheus* macht, entdecken im metaphorisch, doch gedankenlos gebrauchten »Fleisch« der Frucht wieder seine erste, animalische Bedeutung.

Auch der Mensch selbst vermag sich durch poetische Metaphern zu dämonischer Größe auszudehnen: »Und meine Seele spannte / Weit ihre Flügel aus«. Ein seltsames Wesen, halb Vogel, halb Engel und dennoch Mensch, scheint am Himmel zu schweben. Klopstocks Freunde schweben, ebenfalls mit »Flügeln«, über das Eis. Nimmt man Metaphern wie »Flügel« ernst, so ist man in eine andere Welt versetzt, in ein Zwischenreich jenseits des Diesseits und diesseits des Jenseits, wo sich vereint, was sonst getrennt ist: ein Ich, eine Wolke, ein Flügel. Auch in William Wordsworth' Gedicht an eine Lerche (*To a Sky-Lark*) entsteht ein seltsames Mischwesen aus Vogel, Mensch, Wolke und Lied:

Up with me! Up with me into the clouds!
For thy song, Lark, is strong
(Hinauf mit mir! Hinauf mit mir in die Wolken!
Denn dein Gesang, Lerche, ist stark).

Wie ein Zauberspruch leitet Mörikes Vers die Verwandlung ein: »Die Wolke *wird* mein Flügel«. Die Metapher behauptet, sie habe die gemeinsame geistige Substanz der Dinge entdeckt. Der poetische Anruf lässt sie, ohne von der widerständigen Materie aufgehalten zu werden, über weite Entfernungen hinweg zueinander kommen. Die Wolke gesellt sich zum Flügel, beide werden, mit seelischen Kräften begabt, zu Helfern der Seele; vereint ziehen sie nun, zu einer einzigen Gestalt verschmolzen, ihren luftigen Weg.

> Oh! sur les ailes dans les nues
> Laissez-moi fuir! [...]
> Laissez-moi fuir vers d'autres mondes
> (O, auf Wolkenflügeln
> Lasst mich fliehen! [...]
> Lasst mich fliehen in andere Welten)

Auch in diesem Gedicht Victor Hugos machen sich Dichter, Wolke und Flügel, durch Metaphern einander zugetan, auf die Reise in ein anderes Land. Schon in der Antike nannte man den Dichter, wohl in Erinnerung an seine Vergangenheit als Schamane, »ein geflügeltes Wesen«; seine Poesie schwingt sich wie Wordsworth' Lerche zu himmlischen Sphären auf. Metaphern selbst könnten ›Flügel‹ heißen, überwinden sie doch die weite Distanz zwischen Mensch und Gott, Ding und Geist wie im Flug.

Metrum und Reim spielen in der modernen Lyrik eine geringe Rolle. Zum Ausgleich nehmen Zahl und Gewicht der Metaphern zu, vor allem der schwierigen und dunklen Metaphern. Kehrt in Mallarmés Gedicht auf den Fächer seiner Tochter (*Autre Éventail*) das alte Bild des Flügels wieder, so ist seine Bedeutung nicht leicht zu entziffern, da er zu viel auf einmal bedeutet:

O rêveuse, pour que je plonge
Au pur délice sans chemin,
Sache, par un subtil mensonge,
Garder mon aile dans ta main.

(In Rilkes Übersetzung:
O Träumerin, daß ich mich trüge
zur Wonne, die kein Weg je fand,
behalte du durch kühnste Lüge
nur meinen Flügel in der Hand.)

Im »Flügel« zeichnet sich die Form des Fächers ab, ebenso die Art, wie das Mädchen ihn bewegt. Außerdem gibt er der Träumerei, in der die »rêveuse« entschwebt, ein Bild; er dient, wie es später heißt, dem »weißen Flug« (ce blanc vol) ins Nirgendwo. Vielleicht ist »aile« zudem ein anderes Wort für die Feder, die Imagination des Dichters und für das Gedicht selbst, wie es der Flügel schon bei Klopstock, Wordsworth, Eichendorff, Mörike, Hugo gewesen war. Fächer (franz. »éventail« ist von ›vent‹, Wind, abgeleitet), Flügel, Flug, Träumerin sind Beinamen eines namenlosen Absoluten, das von der gottverlassenen und gottgleichen Poesie umschrieben wird.

Metrum und Reim lassen sich eindeutig bestimmen und benennen; Metaphern hingegen sind vieldeutig und interpretationsbedürftig. Kühne Interpretationen von Gedichten nehmen zu, seitdem kühne Metaphern im Gedicht zunehmen. Doch die Aufgabe der Interpretation stellt sich bei allen Metaphern; sie haben es darauf angelegt, gedeutet zu werden. Von Anfang an musste die bildliche Rede wie eine verschlüsselte Geheimsprache in die eigentlich gemeinte Bedeutung übersetzt werden. Herodot erzählt, dem aus der Verbannung zurückkehrenden Peisistratos habe vor der Schlacht mit den Athenern ein Seher den Götterspruch in Hexametern verkündet: »Schon ist geworfen der Haken und ausgebreitet das

Netzwerk, / Thunfische werden darauf sich stürzen im Scheine der Mondnacht.« Peisistratos versteht die dunklen Bilder als Metaphern, die zum Angriff raten; und er siegt, weil er sie richtig ausgelegt hat. Was dem griechischen Strategen aus politischer Not gelang, darum bemüht sich in der Neuzeit die professionelle Philologie, scheinbar ohne praktisches Interesse: um die richtige Deutung poetischer Worte. Doch auch sie unterstellt noch immer, dass sich in schwerverständlichen Formulierungen eine bedeutsame Wahrheit verberge, die für das Leben des Einzelnen oder aller Menschen folgenreich sein könnte. Diese Prämisse verführt Interpreten oft zu Tiefsinn und Besinnlichkeit.

Wer ein Gedicht interpretiert, bezieht Laute, Verse, Wörter und mögliche Bedeutungen aufeinander, behandelt es also als eine einzige, geschlossen komponierte Metapher. Dieses sinnstiftende Verfahren wird selbst dann angewandt, wenn kein einziges Wort im Text zweifelsfrei als Metapher zu identifizieren ist. Brecht hat *Zeitunglesen beim Teekochen* als Gedicht veröffentlicht:

Frühmorgens lese ich in der Zeitung von epochalen Plänen
Des Papstes und der Könige, der Bankiers und der
                                        Ölbarone.
Mit dem anderen Auge bewach ich
Den Topf mit dem Teewasser
Wie es sich trübt und zu brodeln beginnt und sich wieder
                                        klärt
Und den Topf überflutend das Feuer erstickt.

Fände man diesen Text, ohne Einteilung in Verszeilen, in Brechts Tagebüchern, so würde man ihn als Mitteilung über ein nicht weiter bemerkenswertes Frühstückszeremoniell des Autors nehmen. Doch das Gedicht mit eben diesem tagebuchartigen Wortlaut löst bei den meisten Lesern das Bedürfnis aus, den Sachverhalt metaphorisch zu verstehen und hinter dem trivialen Vorgang einen tieferen Sinn zu entdecken. Dieses Deutungsbedürfnis verwandelt den brodelnden Topf in eine Chiffre für die proletarische Revolution (oder die sowjetische Armee), die das von den Mächtigen geschürte »Feuer« der kapitalistischen Ausbeutung (oder des Zweiten Weltkriegs) ersticken werde – oder in eine ähnliche oder ganz andere Botschaft, jedenfalls in eine Botschaft. Mit Zeitunglesen, Teewasser und Topf will sich kein Leser von Gedichten abfertigen lassen. Der Furor der Interpretation schließt die einzelnen Metaphern – »Zeitung« bedeutet ›Gegenwart‹, »Papst« bedeutet ›traditionelle Macht‹, »Bankiers« bedeutet ›moderne Macht‹, »trüben« bedeutet ›Krise‹, »klärt« bedeutet ›strategische Überlegenheit‹ usw. – zu einer Gesamtmetapher zusammen, die etwa ›historische Wende‹ heißen könnte. Im profanen Gedicht stehen die deutbaren Einzelheiten zu der vermuteten Sinnmitte im gleichen Verhältnis wie im sakralen Gedicht die Fülle der bedeutungsvollen Beinamen zum numinosen Namen.

5

Tanzen und Singen

Unter den physikalischen und animalischen Bewegungen ist der Rhythmus eine Ausnahme, unter allen Arten von Schall der Klang. Rhythmus und Klang gab es nicht vor dem Menschen; er stellte sie künstlich her und hörte sie dann aus dem Gesang der Vögel, aus dem Traben der Pferde heraus. Um Klang und Rhythmus künstlich zu erzeugen, braucht es die natürliche Ausstattung des Körpers: Fuß, Hand, Stimme – außerdem aber die Disposition des Geistes, der auf die Wiederkehr gleicher Takte und variierter Töne achtet. Bei der rhythmisch organisierten Bewegung, im Tanz, wie bei der klingenden Gestaltung von Schall, im Gesang, tritt die praktische Funktion zurück, die Gliedmaßen und Stimmapparat zu erfüllen haben. Die musikalischen Elemente der Lyrik, Rhythmus und Klang, gehen nicht unmittelbar aus der Natur oder der Praxis hervor, sondern aus der Umlenkung naturhaft-praktischer Zwecke ins Unnatürliche, Unpraktische: Beim Tanzen strengt man sich mehr an als beim Gehen und kommt doch nicht vom Fleck; das Singen erfordert mehr Kraft und Talent als das Sprechen und ist dennoch schlechter zu verstehen. Obwohl der Gesang Wörter verwendet, wurde er vermutlich nicht aus der Sprache entwickelt, denn das Prinzip der Musik, bestimmte Intervalle in unterschiedlichen Tonhöhen zu wiederholen, gilt nicht für das Sprechen (zumindest nicht in der Mehrzahl der Sprachen); Singen kultiviert vielmehr unartikulierte Äußerungen wie Lallen und Schreien. Gerade die Differenz zum Sprechen, das die praktischen Bedürfnisse der Menschen regelt, verschafft dem Singen Ansehen, denn es drückt Bedürfnisse jenseits der alltäglichen Kommunikation aus. Damit lässt sich die Leistung des Tanzens vergleichen: Die Regel, in einem festgelegten Zeitabstand die Füße auf eine bestimmte Stelle des Bodens zu setzen, missachtet den physischen Ablauf wie den natürlichen Zweck von Gehen und Laufen. Wer geht, braucht einen Weg, wer tanzt, braucht Platz. Weil der Tanz für praktische menschliche Zwecke ungeeignet ist, wird er, so hoffen die Tanzenden, den Göttern wohlgefällig sein. An Götterfesten sind deshalb Tänze ebenso obligatorisch wie Gesänge.

Der Begriff ›Rhythmus‹ wird in der Theorie der Lyrik verschieden gebraucht. Heute ist die Auffassung verbreitet, er bezeichne die vom Gleichmaß des Metrums abweichende Beschleunigung oder Verlangsamung einzelner Partien eines Gedichts beim Vortrag. Die antiken Verslehren kannten diese Unterscheidung nicht: Der Rhythmus war die tänzerisch-musikalische Grundlage des in Wörtern realisierten Metrums. In den Versfüßen (griech. podes, lat. pedes) waren die tanzenden Füße spürbar. Aus dem Griechischen kommt das Wort ›Strophe‹; es bedeutet wörtlich ›Wendung‹, den Wechsel der Richtung beim Tanz des Chors auf der Orchestra, dem Tanzplatz. Daher heißt auch das Chorlied, das nach jeder dieser Wendungen einsetzt, Strophe. Aus dem Lateinischen kommt das Wort ›Vers‹, das ebenso eine Wendung bezeichnet, und zwar im Plural (versūs) die der Tanzschritte, im Singular (versus) den dichterischen Vers, der sich am Ende einer Zeile zur nächsten wendet – wie der Pflug am Ende einer Furche, die gleichfalls ›versus‹ heißt. Die Etymologie gibt die Herkunft der Grundbegriffe der Lyrik, Strophe und Vers, aus dem Tanz zu erkennen. Selbst in den neueren Sprachen bezeugen ›volta‹, ›tornada‹, ›Ballade‹, dass die Verwandtschaft der Lyrik mit dem Tanz nicht vollständig in Vergessenheit geraten ist. Will man dieser Verwandtschaft nachgehen, so tut man gut daran, den Begriff ›Rhythmus‹ im antiken Sinn zu verwenden, also mit dem Metrum in eins zu setzen: Rhythmus ist die Nachbildung des Tanzschritts durch die Regelung der Silbenfolge im Gedicht.

Die kleinste Einheit der Metrik, der Versfuß, ergibt sich aus dem durch Zeitintervalle geregelten Wechsel zwischen Anheben (griech. arsis) und Niedersetzen (griech. thesis) des Fußes beim Tanz. Daher ist jeder Versfuß zweigliedrig; er wird, auf die Sprache angewandt, aus zwei Silben gebildet, wobei eine lange Silbe durch ein oder zwei kurze ersetzt werden kann. Danach lassen sich, um die gebräuchlichsten Metren zu nennen, Spondeus (––), Jambus (◡–), Trochäus (–◡), Anapäst (◡◡–) und Daktylus (–◡◡) unterscheiden. Da ein Rhythmus erst durch die Wiederholung der Tanzschritte entsteht, fassten die griechischen Metriker die Füße (podes) zu Zweiergruppen zusammen (Dipodie), etwa im jambischen Trimeter (◡–◡–). Damit die Tänzer nicht aus dem Takt kommen, sondern untereinander und mit dem Rhythmus der Instrumente übereinstimmen, müssen sie das Zeitverhältnis der Schritte einhalten, das metron (woraus sich das Metrum herleitet). Im Gegensatz zu solcher Ordnung unterliegt gewöhnliches Sprechen keiner strengen Zeitregulierung; Sätze können, je nach Temperament und Absicht des Sprechers, langsam oder schnell gesprochen, Silben mehr oder weniger betont werden. Aus diesem Unterschied zwischen Tanzen und Sprechen muss man folgern, dass die metrischen Regeln, denen die Sprache der Lyrik unterliegt, primär aus notwendigen Eigenschaften des Tanzes entwickelt und erst sekundär auf zufällige Eigenschaften der Sprache, die sich rhythmisch behandeln ließen, übertragen wurden. Das am Tanzrhythmus geschulte Ohr entdeckte in der normalen Sprechweise Möglichkeiten, die ungefähr dem Heben, Schreiten, Aufsetzen tanzender Füße entsprachen. Diese Suche nach poetisch verwendbaren metrischen Strukturen in der nicht metrisch organisierten Sprache führt in der Verslehre den Titel ›Prosodie‹. Schwache Analogien zwischen Tanz- und Sprechrhythmus werden in verbindliche Regeln gefasst, Silben in der Antike nach kurz und lang sortiert, in der Neuzeit nach betont und unbetont. So errichtet die Metrik eine Fremdherrschaft auf dem Territorium der menschlichen Sprache. Diese ist zur Kollaboration mit Tanz und Musik bereit und verwandelt sich, indem sie außersprachliche Rhythmen in sich aufnimmt, in eine Geistersprache.

Es ist nicht möglich, Rhythmus an sich wahrzunehmen. Er benötigt eine Materie, an der er sich vergegenständlichen kann: den Tanzboden, auf den die Füße stampfen; die Hand, worauf die andere klatscht; die Tischplatte, auf die der Finger klopft; das Instrument, das auf Schlagen, Zupfen, Streichen oder Blasen reagiert; schließlich die silbischen Laute, die in feste Zeitintervalle gezwungen werden. Durch diese Verkörperung des Rhythmus in unterschiedlichem Material überformt das Prinzip des Tanzes Musik und Sprache. Das Lied, das getanzt, gesungen und von Musik begleitet wird, fasst all diese rhythmischen Objektivierungen in einer bündigen Gestalt zusammen. Im Verein mit Bewegung und vokal oder instrumental erzeugtem Klang erhält das körperlose Wort körperliche Präsenz.

Rhythmus ist nur wahrnehmbar, wenn die Betonungen eng aufeinander folgen; es sollte zwischen ihnen nicht viel mehr als eine Sekunde liegen. Dieser Zeitabstand entspricht dem Pulsschlag. Bevor das Metronom erfunden wurde, konnte man Takte nicht exakt messen. Doch der Körper besitzt in Puls, Atem, Schritt selbst eine Art Uhrwerk. Die metrisch organisierte Sprache des Verses korrespondiert einem unbewussten Körperrhythmus. Indem Tanz und Gesang dem leisen, kaum vernehmbaren Rhythmus des Körpers ein hörbares, spürbares, kollektiv erfahrbares Korrelat verschaffen, erzeugen sie das Gefühl, der Lebenspuls des einzelnen stimme mit dem aller anderen Lebewesen, ja sogar mit der Gesamtbewegung der Welt überein. Deshalb vermag rhythmische Wiederholung ekstatische Zustände hervorzurufen. Den Tänzern, die ihre selbsterzeugte Bewegung auf andere Körper, auf Stimmen und Instrumente übertragen und so vergrößern, erscheint es, als habe sie der Rhythmus von außen ergriffen, als sei eine höhere, unwiderstehliche Macht seine Ursache. Diese übermenschliche, gleichwohl von Menschen geschaffene Macht zeigt sich den Tanzenden: Die Reigen griechischer Mädchen und Jünglinge umtanzten einen Altar, einen geheiligten Baum oder sonst einen den Göttern geweihten Gegenstand; langgezogene Reigen bewegten sich in einer Prozession zum Tempel. Noch heute lässt sich bei Wilden wie bei Besuchern von Rockkonzerten beobachten, wie anhaltender Rhythmus, verstärkt durch Trommeln, klirrende Fußspangen oder Bassinstrumente, die Teilnehmer in Trance versetzt. In abgemilderter Form taugt solche Erregung dazu, beschwerliche Aufgaben zu erleichtern. Diesen Vorzug nützen Marsch- und Arbeitslieder aus; ihr Rhythmus soll Mühe in Lust verwandeln, so als wäre der Marsch ein Tanz, als wäre die Arbeit Musik.

In der rhythmischen Bewegung vereinen sich Zwang und Rausch zu einem kollektiv erlebtem Glück. Die stete Wiederholung des gleichen Takts lässt die reale Umgebung vergessen. Solange die rhythmische Trance anhält, ist die Verpflichtung zu realitätsgerechtem Verhalten aufgehoben und durch die Erfahrung einer anderen Zeit ersetzt, einer auf die menschliche Physis abgestimmten Zeit. Sie verspricht, wie der gleichbleibende Rhythmus ewig zu dauern, obwohl sie nur eine kurze Spanne währt. Erst wenn dem ekstatischen Rhythmus ein sinnvoller Text untergeschoben wird, dringt in die illusionäre Zeitlosigkeit reale Zeit ein, denn alle Wörter haben, anders als der musikalische Rhythmus, einen von der Vernunft überwachten Bezug zur Wirklichkeit.

Je archaischer eine Kultur, desto wichtiger ist ihr der Rhythmus der Gesänge. Deren Melodie ist dabei noch monoton, also dem invarianten Rhythmus ähnlich; der Text hat nicht immer einen erkennbaren Sinn. In der späteren Geschichte der Lyrik verschiebt sich dieses Verhältnis: Die Bedeutung der Melodie, vor allem aber die des Textes nimmt zu; im modernen Gedicht schließlich zählt er allein. Abgeschwächt und fast versteckt lebt der musikalische Rhythmus im poetischen Metrum weiter. Doch auch dieses wird von der modernen Lyrik als konventionell verachtet und aufgegeben. Ein großer Teil der griechischen Lyrik war für den Tanz bestimmt, weshalb sie ein reiches Repertoire von mehr als zwanzig Metren besaß. Die Lyrik der Neuzeit begnügt sich meist mit zwei komplementären Metren, den Jamben und Trochäen. Die frühen Christen verurteilten die Tänze vor heidnischen Tempeln als sündhafte Darstellung körperlicher Lust. Augustinus, vom Heidentum zum Christentum bekehrt, ließ sich nicht mehr verführen: »Der Chortanz bildet einen Kreis, dessen Mittelpunkt der Teufel ist.« Die Kirche gestattete nur noch geistliche Gesänge, bei denen die Gemeinde der Gläubigen stillstand, und so wich allmählich das rhythmische Gefühl aus den Füßen. Zum Ersatz wuchs im Hallraum des Kirchenschiffs der Sinn für den Klang. Kein Wunder, dass die frühchristlichen Hymnen den Nachhall im Innern hoher, steinerner Gebäude bemerkten und den Reim erfanden, um diesem Klangeffekt auch eine sprachliche Gestalt zu geben.

Dichtung, die nach der Antike entstanden ist, lässt sich allenfalls singen, schwerlich tanzen. Zwar versuchte die Musiktheorie bis ins 17. Jahrhundert, die vom Tanzschritt geprägten Versfüße der antiken Poesie mit der Takteinteilung der neueren Musik in Übereinstimmung zu bringen, was mühevoll genug in der Theorie gelang, doch gar nicht in der Praxis. Musikalische Dreiviertel-, Zwölfachtel- oder Dreihalbetakte ahmen zeitgenössische Tänze wie Menuett, Gigue und Sarabande nach, haben jedoch keine Entsprechung in den Versmaßen der Lyrik. Worte lassen sich – darauf beruht die Möglichkeit, noch in der Neuzeit Gedichte zu vertonen – dem Taktsystem der Musik nur anpassen, wenn mehrere Töne auf eine Silbe fallen. Dadurch geht allerdings die vom Text vorgegebene Rhythmik der Worte verloren. Soll zu einem Tanzrhythmus auch gesungen werden, so ist dafür die Anpassung der Silben an den Schritt erforderlich. Diesen Zweck erfüllen eigens dafür gedichtete Tanzlieder; sie sind Gebrauchstexte, die den Versbau von Gedichten missachten und deshalb an der neueren Geschichte der lyrischen Dichtung keinen Anteil haben. So schwindet aus der neuzeitlichen Lyrik der Rhythmus des Tanzes. In Petrarcas *Canzoniere*, ihrem wirkungsvollsten Vorbild, ist er nicht mehr zu spüren. Die Sonette Petrarcas folgen strengen Regeln: Jede Verszeile hat elf Silben und endet mit einem zweisilbigen Reim; die vier Strophen werden durch die mehrfache Wiederkehr der Reime gegliedert und verbunden; die Lautfolge ist auf Wohlklang bedacht: »Quel Sol, che solo agli occhi mei resplende« (nach den Regeln der italienischen Verssprache wird der Endvokal in »solo« nicht gesprochen und, wie auch bei »agli«, als Silbe nicht gezählt). Ein zu deutlicher Rhythmus aber, den Hand oder Fuß mitschlagen könnten, würde den schönen Klang solcher Verse nur stören.

Solange Gedichte einem Metrum gehorchen, ist jedoch selbst bei stiller Lektüre die virtuelle Bewegung des Körpers abgemildert spürbar, auch wenn sie nicht mehr zum Tanz auffordert. Doch länger als mit dem Tanz bleibt das Gedicht mit der Musik verbunden, weil diese der Sprache nähersteht: Beide sind akustische Erscheinungen. Die Verbindung der Lyrik mit dem Tanz endet schon in den späteren Jahrhunderten der Antike, die Verbindung mit der Musik erst im 19. Jahrhundert. Die Musik wirkt wie eine zweite Sprache, eine Sprache ohne Begriffe. Sie scheint dem Zuhörer etwas zu sagen, das sich nicht in Worte fassen, aber einen tieferen Sinn ahnen lässt. Was die im Lied gesungenen Worte bedeuten, das verunklärt der Gesang, der sie zerdehnt, anders betont, aus ihrer normalen Tonhöhe herausführt und bei mehrstimmiger Aufführung übereinander erklingen lässt; doch er verstärkt zugleich die Vermutung, dass diese verschattete Sprache bedeutsam sei. Die Musik umfängt die isolierten Wörter des Textes mit einem klingenden Hintergrund. In der prosaischen Rede liegt zwischen Wörtern eine kleine, zwischen zwei Sätzen oder Absätzen eine größere Pause. Im musikalisch begleiteten Lied hingegen überspielen die Klänge Wort- und Satzgrenzen; die Musik kann auch vor dem Text, nach dem Text und während seiner Pausen erklingen.

Rede wie Gesang bedienen sich der menschlichen Stimme. Dennoch zeigen sich in Technik und Wirkung dieser beiden verwandten Äußerungen starke Unterschiede. Da es mehr Konsonanten als Vokale gibt, sind für die Bildung und Erkennbarkeit gesprochener Wörter die erst im Mund erzeugten konsonantischen Geräusche wichtiger als der aus tiefer liegenden Organen aufsteigende vokalische Klang. Daher haben die Schriftsysteme, die dem griechischen Alphabet vorausgingen, lediglich Konsonanten verzeichnet und auf eine Wiedergabe der Vokale verzichtet. Beim Singen jedoch kommt der Vorrang dem Klang zu, den die Vokale tragen (weshalb sich das vokalreiche Italienisch besonders gut zum Gesang eignet); doch selbst die Vokale werden dabei weniger scharf gegeneinander differenziert als beim Sprechen. Es braucht wesentlich mehr Zeit, eine Arie zu singen, als ihren Text vorzutragen, weil ein großer Teil des Gesangs nur aus klingendem Hauch besteht. Beim Reden genügt eine Lautstärke, die das Ohr des Hörers erreicht. Klang aber bewegt und ergreift den ganzen Körper. Daher hat man dem Gesang magische Wirkung zugetraut: Er kommt aus dem Inneren, reicht über weite Entfernungen und dringt wieder ins Innere ein. Wer singt, vergrößert seine Reichweite und damit seine Macht. Wer den Gesang hört, hat an dessen Macht teil, da die Stimme auch im Hörer erklingt, fast so, als wäre es seine eigene. Daher lädt Singen zum Mitsingen und Nachsingen ein.

Noch immer gibt es lyrische Texte, die nur in Verbindung mit einer Melodie im Gebrauch sind: Nationalhymnen, Weihnachtslieder, Kirchengesänge, Schlager, Songs. In diesen populären Formen, die in keiner Anthologie kanonischer Lyrik zu finden sind, lebt die Einheit von Gedicht und Gesang weiter. Von jenen Ausnahmen abgesehen, stehen in der Neuzeit Gedicht und Gesang in dem lockeren Verhältnis einer möglichen, aber nicht notwendigen Vertonung. Auf eine Melodie dürfen verschiedene Texte gesungen werden (so bis ins 17. Jahrhundert), oder umgekehrt: zu einem Gedicht entstehen mehrere Vertonungen (so seit dem 18. Jahrhundert). In beiden Fällen kennen Autor und Komponist einander meistens nicht. Bereits die Vielzahl der Vertonungen zu einem einzigen Gedicht Goethes oder Mörikes beweist, dass der Text nicht zwingend eine bestimmte musikalische Form verlangt. Die kultische Zuordnung von Tanz und Gesang im kollektiven Ritual hat sich aufgelöst und in die ungebundenen, künstlerisch individuellen Entwürfe von Text und Musik aufgespalten. Eine gravierende Schwierigkeit der Liedkomposition in der Neuzeit besteht darin, dass Versmetrum und musikalischer Takt nicht mehr zueinander passen, weil sich beide nach je eigenen Gesetzen vom gemeinsamen Ursprung im Tanz entfernt haben. Resigniert stellte Lessing fest, »wie wenig es dem Musikus hilft, daß der Dichter ein wohlklingendes Metrum gewählet«.

Als Jacob Regnart am Ende des 16. Jahrhunderts den Stil der italienischen Musik in Deutschland einführte und dafür Liedertexte dichtete, nahm er bei der Komposition auf Metrum und natürliche Betonung seiner eigenen Verse keine Rücksicht. Da in der neuzeitlichen Musik die Betonung auf dem ersten Taktteil liegt, muss etwa die unbetonte Silbe des Jambus vor den Takt geschoben werden: ∪–. Vertonungen benötigen meistens mehr betonte Taktteile, als die Gedichtzeile Betonungen hat. Abweichend vom gleichmäßigen Metrum der Verse, deren Silbenzahl gering ist, überzieht die Vertonung den Text mit einer großen Zahl von Tönen, aufgeteilt in Achtel- und Sechzehntelnoten. Goethes Gedicht *Das Veilchen* ist in vierhebigen Jamben geschrieben:

Ein Veil | chen auf | der Wie|se stand, |
Gebückt | in sich | und un | bekannt; |

Mozart wählt für seine Vertonung den Zweivierteltakt der Allemande:

Ein | Veilchen auf der | Wiese stand,
Ge | bückt in sich und | unbekannt …|

Im Lied geht eine Silbe als Auftakt voraus, nach der letzten Silbe der zweiten Verszeile (»-kannt«) entsteht eine Pause, der zweite Takt überspielt sogar die Grenze der Verszeilen zwischen »stand« und »Gebückt«. Wie bei Vertonungen üblich, teilt Mozart eine Silbe gelegentlich in mehrere Töne auf, sinnfällig im »ach« seiner Textvorlage, unmotiviert in dem »und« am Ende der Strophe (»und sang«).

Im Mittelalter waren, wie in fast allen älteren Kulturen, Dichter imstande, zu ihren Gedichten selbst die Melodie zu finden und vorzusingen. In den neueren Jahrhunderten können Dichter selten singen und noch seltener komponieren, weshalb ihre Texte auf eine nachträgliche Vertonung warten müssen. Diese wird immer anspruchsvoller: An die Stelle der identisch wiederholbaren Liedstrophe, die keine Rücksicht auf die unterschiedliche Thematik der einzelnen Gedichtstrophen nahm, tritt seit dem späten 18. Jahrhundert das ›durchkomponierte‹ Lied, dessen musikalischer Charakter sich von Strophe zu Strophe wandelt, wodurch das Verständnis des Gedichts gefördert, jedoch das Singen für Laien erschwert wird. Im Kunstlied des 19. Jahrhunderts verlaufen die Melodien von Singstimme und Klavierbegleitung nicht mehr strikt parallel zueinander, sodass es für den adäquaten Vortrag ausgebildete Sänger und Pianisten braucht. Dafür werden eigens Liederabende arrangiert. Die Aufführung im Gesang wird daher zur Ausnahme im Leben eines Gedichts, die Verbreitung im Buch zur Regel. Die nachromantische Lyrik rechnet nicht mehr mit Musik. Alles, was der Gesang an ungewöhnlichen, fremdartigen, übermenschlichen Nebentönen ins Gedicht brachte, muss die allein zur Lektüre bestimmte Lyrik nun durch das Wort selbst erbringen.

Vor wenigen Jahrzehnten noch hätte man Singen für ein natürliches Bedürfnis der Menschen gehalten. Bis in die Nachkriegszeit sangen sie zu Hause, beim Wandern, im Wirtshaus, zuweilen sogar auf der Straße. »I hear America singing«: Whitman wollte seine Gedichte bescheiden den Liedern an die Seite stellen, die er überall von Zimmerleuten, Maurern, Schiffern, Schuhmachern, Holzfällern, Müttern, Mädchen, Nachtschwärmern hörte. Sie alle sind mittlerweile verstummt. Sie singen nicht mehr, sondern lassen singen. Wer aber ein Lied sang, kannte dessen Text; wenn die Fähigkeit schwindet, selbst zu singen, geht auch die Lust verloren, Gedichte auswendig zu lernen.

Von Anfang an ist die Geschichte der Lyrik durch den immer wieder eintretenden Verlust ihrer Musik geprägt, mit der sie doch so eng verbunden war. Bereits Plutarch stellte fest, dass Sapphos Lieder zwar noch rezitiert, aber nicht mehr gesungen werden, weil sich ihre Melodien nicht erhalten haben. Es ist leichter, den Text eines Gedichts aufzuzeichnen und aufzubewahren als die begleitende Musik. Die Technik der Schrift ist älter und zuverlässiger als die Technik, Töne durch Notenschrift zu konservieren. Um 1300 waren bereits die meisten Melodien des Minnesangs von 1200 verschollen. Aus der Antike hat sich keine einzige Notation eines Gesangs erhalten. »Unsangbare Gesänge« nennt Herder daher die aus der griechischen und römischen Literatur überlieferten Oden und Carmina. Werden diese zu Vorbildern der neuzeitlichen Lyrik, so liegt es den Nachahmern Anakreons, Pindars, Catulls und Horaz' nahe, Gedichte als reine Texte aufzufassen, als in sich vollständige literarische Werke, die sich zwar »Gesänge« nennen, aber »unsangbar« sind. Im 20. Jahrhundert bemüht sich eine oft peinliche Vortragskunst, den Nachklang des verstummten Gesangs durch eine kunstvoll trainierte Sprecherstimme vernehmbar zu machen.

Bis ins 19. Jahrhundert versetzten Gemälde, Illustrationen und Denkmäler den lyrischen Dichter in eine längst vergangene Frühzeit. Sie zeigten ihn als Sänger mit der Harfe, nicht als Schriftsteller mit Feder und Papier. Auch die Dichter selbst gaben sich im Gedicht, als würden sie keine Verse schreiben, sondern einer musikalischen Inspiration gehorchen. So etwa führt sich Goethes »Musensohn« auf:

Durch Feld und Wald zu schweifen,
Mein Liedchen wegzupfeifen,
So gehts von Ort zu Ort!
Und nach dem Takte reget,
Und nach dem Maß beweget
Sich alles an mir fort.

Dieses reizvolle, doch anachronistische Bild vom Dichter, der ohne Schreibpapier und Buchdruck auskommt, bewahrt – aufgeschrieben und gedruckt – die Erinnerung an den verlorenen Gesang und weckt den Wunsch nach einem Ersatz für den Verlust. Da Komposition und Versbau in der Neuzeit getrennte Wege gegangen sind und alle Vermittlungsversuche in Widersprüche gerieten, schien es aussichtsreicher zu sein, der inneren Musik der poetischen Sprache zu vertrauen: Das Gedicht beginnt ohne hinzutretende Vertonung von sich aus zu singen. Ein Band romantischer Gedichte heißt *Buch der Lieder*, obwohl er kein Liederbuch ist und nichts als Gedichttexte enthält. Aus der Musiktheorie übernahmen im 18. Jahrhundert Psychologie und Ästhetik den Ausdruck »Stimmung«; er vergleicht die empfindende Seele mit einem Saiteninstrument, auf dem Einwirkungen der Außenwelt momenthaft Töne hervorrufen, je nachdem die Seele gestimmt ist. Die Lyrik versucht, diesem Modell folgend, in der Sprache des Gedichts stimmungshafte Töne vernehmbar zu machen wie ein Musikinstrument. Dem Ideal der Wortmusik kamen die romantischen Lyriker am nächsten, besonders Brentano, der seine Gedichte lieber zur Gitarre sang, als dass er sie in Druck gab:

Singt ein Lied so süß gelinde,
Wie die Quellen auf den Kieseln,
Wie die Bienen um die Linde
Summen, murmeln, flüstern, rieseln.

Die süß gelinde Aufforderung, »süß gelinde« zu singen, ist selbst schon der gewünschte Gesang. Der Leser glaubt, ein Lied zu hören und mitzusummen.

Heute sind mehr Lieder zu hören als früher; sie heißen Songs. Man kann sie auch als Gedichte lesen; Bob Dylans Texte sind in einem Reclam-Bändchen zu haben. Gegen die unaufhaltsame Entwicklung der Lyrik zu reiner Leseliteratur protestierten einige Dichtergruppen, indem sie ihre Gedichte hörbar und sichtbar machten. Von den Futuristen und Dadaisten über die San Francisco Poets bis zum Poetry slam reichen die Versuche, Lyrik als »performance« oder »Sprachinstallation« aufzuführen und damit die älteste Form ihrer Präsentation wiederherzustellen. Gegen die vornehme Zurückhaltung, die sich die Textlyriker auferlegen, zielen die modernen Reprisen der archaischen Lebendigkeit von Gedichten auf populäre Wirkung. Sämtliche lyrischen Elemente, die sich in zweieinhalbtausend Jahren auseinanderentwickelt haben, vereinigt noch einmal der Auftritt des Popsängers: Vers, Gesang, Tanz, Musik. Nimmt man nur die Anzahl der Besucher von Rockkonzerten und der Hörer ihrer Einspielungen, so hat es nie zuvor eine so erfolgreiche Lyrik gegeben. Die stillen Dichter, um deren Gedichte es immer stiller wird, mögen nicht gerne im lautstarken Popsänger die Auferstehung ihres Urbilds anerkennen. Zwar haben technische Realisation und ökonomische Kalkulation der Popmusik nichts mehr mit jenen griechischen Festen zu tun, bei denen Lieder vorgetragen, gesungen und getanzt wurden; doch wie die Kultgemeinde eines Götterfests verfällt das Publikum der Popkonzerte dem Rhythmus und der Ekstase.

Allerdings dient die neueste Darbietung von Liedern nicht mehr der kultischen Kommunikation mit den fernen, im Fest jedoch nahen Göttern. Deren Stelle vertreten nun die Sänger selbst. Ihnen, den Stars, gilt der Kult, der einst den göttlichen Gestirnen huldigte. Das Jenseits ereignet sich jetzt im Diesseits.

6

Wiederholung

In Clément Marots Gedicht *De Hélène de Tournon* spricht ein Liebender, der seine spröde Dame mit Hilfe ihres Arztes zur Liebe bewegen wollte:

Mais le pis est que ce n'est pas de moi.
(Sinngemäß übersetzt: Doch das Schlimme dabei ist, dass nicht ich es bin, den sie nun liebt.)

Über der Pointe entgeht dem Leser, wie kunstvoll dieser scheinbar simple Vers angeordnet ist. Teilt man seine zehn Wörter, von denen jedes nur eine Silbe umfasst, genau in der Mitte, zwischen »que« und »ce«, so entsprechen die Wortklänge einander spiegelbildlich, das erste Wort also dem letzten, das zweite dem vorletzten usw.: »mais« korrespondiert mit »moi«, »le« mit »de«, »pis« mit »pas«, »est« mit »n'est«, »que« mit »ce«. Eine derartige Symmetrie kann nicht auf Zufall beruhen. Ähnlich, aber schlichter ist ein Vers in Friedrich von Hagedorns Gedicht *Die Vögel* angeordnet: »Da find ich dich, mich findest du«. Hier bildet die Grenze zwischen vierter und fünfter Silbe die Symmetrieachse, auf die sich »da« und »du«, »find ich« und »findest«, »dich« und »mich« beziehen. In einem Vers von Edgar Allan Poes *The Raven* – »And the Raven, never flitting, still is sitting, *still* is sitting« – steht der (durch den Nachdruck auf dem zweiten *still* variierten) Wiederholung von »still is sitting« und dem Binnenreim »flitting«-»sitting« eine spiegelbildliche Umkehrung der Laute voran: In »raven« und »never« – sie bilden zusammen das Leitmotiv des Gedichts – erscheinen die gleichen Konsonanten, r. v. n. und n. v. r., in umgekehrter Reihenfolge. Die walisische Dichtung des Mittelalters verlangte, dass die zweite Vershälfte die Konsonanten der ersten in gleicher Reihenfolge wiederholt. Vergleichbare, doch leichter zu erfüllende Aufgaben stellen der germanische Stabreim und der nachantike Endreim. Der Reim schreibt vor, was Dichter wie Marot oder Poe hinter individuell komponierten Wortfolgen versteckt haben: die Wiederkehr des Gleichen im Ungleichen.

Um Symmetrie und Wiederholung inmitten von Asymmetrie und Nicht-Wiederholung zu erkennen, muss der Leser die natürliche Leserichtung umkehren und vom Späteren auf das Frühere zurückgehen. Erst »never« enthüllt, was in »raven« sich verbirgt. »Der Mond ist aufgegangen« wäre nichts als eine alltägliche Mitteilung, folgte ihr nicht »Die goldnen Sternlein prangen«. Nun wird die metrische und klangliche Übereinstimmung der beiden Zeilen und damit ihre Zugehörigkeit zu einem Gedicht wahrgenommen: Die erste ist, analog zur zweiten, ein dreihebiger jambischer Vers mit zweisilbigem Endreim. Die Wiederholung, die Wiederkehr gleicher oder ähnlicher Strukturen, ist ein Grundprinzip jeder lyrischen Form.

Die elementaren Konkretionen der Wiederholung, Metrum und Reim, erzeugen die Illusion, es sei möglich, die Zeit anzuhalten und so an der Zeitenthobenheit eines anderen, übernatürlichen Daseins teilzuhaben, wie es die Poesie vorspiegelt. Die physikalische Zeit verläuft nur in eine Richtung, immer nach vorne; Gedichte gehen vor und zurück. Die rhythmische oder klangliche Übereinstimmung von Versen verzaubert die Zeit gleichsam in einen Raum, in dem man sich in verschiedene Richtungen bewegen kann, in einen Tanzplatz also. Der unerschütterlich wiederkehrende Rhythmus zwingt die fortlaufende Zeit in eine deutlich umrissene Gestalt. Lässt der Hauptmann Ernst Jünger seine Kompanie beim Marschieren singen, so stärkt er sie nicht allein im Kampf gegen den Feind: »Alle rhythmischen Dinge sind Waffen gegen die Zeit, und gegen sie im Grunde kämpfen wir.« Selbst an der Typographie ist dieser Kampf der Lyrik gegen die Zeit sichtbar. Überschrift, Verszeilen, Strophen gruppieren sich auf Papier zu einem in sich ruhenden Schriftbild. Das rechteckig angeordnete Gedicht erhält die geometrische Struktur eines vertikalen Bezugssystems, in dem Verse und Reime nach unten wie nach oben verweisen. Die zeitliche Sukzession, der sich alles Sprechen und Lesen fügen muss, wird im gedruckten Gedicht einer simultanen Ordnung unterstellt, die jenseits der Zeit liegt. Rhythmus und Reim sichern ungewisse Zeitstrecken, machen sie dem menschlichen Willen gefügig, denn wer die Regeln von Rhythmus und Reim kennt, kann vorhersagen, welche Betonung, welcher Klang in einer gewissen Zeit eintreffen werden. So verhindern Gesänge und Gedichte unvorhersehbare Störungen, wie sie im Leben nie auszuschließen sind. Das erwünschte Ende ist in der lyrischen Form von Anfang an festgelegt, die Zukunft bereits in der Gegenwart enthalten. Bei jedem Kriegszug ist der Ausgang offen, im Kriegslied aber, auch in den Schlachtgesängen der Fußballfans, ist der Sieg so sicher wie der rhythmisch geregelte Fortgang und Abschluss des Gesangs.

Die einfachste Wiederholung besteht aus zwei Markierungen, zwischen denen eine Pause liegt. Unmerklich, obgleich vorhanden, ist die Pause zwischen langer und kurzer oder betonter und unbetonter Silbe, zwischen zwei Verstakten, deutlicher ist sie zwischen zwei Halbzeilen, zwei Verszeilen, zwei Reimen, die erst nach einem längeren Einschub andersklingender Silben zum Gleichklang finden. Mindestens zwei Verszeilen müssen es sein, damit ein Gedicht entsteht. Das

Epigramm gibt sich mit diesem Minimum zufrieden, auch Ungarettis *Mattina*: »M'illumino / d'immenso.« Die meisten lyrischen Maße ergeben sich aus dem Vielfachen von zwei Elementen: vier oder sechs Hebungen in einer Verszeile; vier, sechs oder acht Verszeilen in einer Strophe, vier oder sechs Strophen in einem Gedicht. Ungerade Zahlen finden sich in der Lyrik viel seltener als gerade. So sehr dominiert in ihr die Zweierstruktur, dass jede Abweichung von ihr aufmerken lässt, besonders der ausbleibende Reim. Doch selbst dreigliedrige Strukturen sind häufig in sich zweigliedrig unterteilt. Die verbreitete Bauform des Minnesangs stellt zwei gleichgebaute Strophen als ›Aufgesang‹ dem ›Abgesang‹ der längeren dritten Strophe gegenüber.

In der altorientalischen und altnordischen Dichtung greift die Zweierstruktur auf die Verszeile über, die sich aus dem parallelen Bau zweier Halbzeilen zusammensetzt. Damit durch variierte Wiederholung das Gesagte sich im Ohr des Angerufenen, im Gedächtnis der Gemeinde befestigt, sagen die beiden Halbzeilen mit anderen Worten zweimal das Gleiche. Vertraut ist dieser sogenannte Parallelismus membrorum aus den Psalmen (man hat ihn treffend »Gedankenreim« genannt): »Der Herr erhöre dich in der Not, der Name des Gottes Jakobs schütze dich! / Er sende dir Hilfe vom Heiligtum und stärke dich aus Zion! / Er gedenke all deiner Speisopfer, und dein Brandopfer sei ihm angenehm!«

Auch Sakral- und Zaubergesänge vertrauen darauf, dass Verdoppelung die Wirksamkeit erhöht: »insprinc haptbandun, invar vigandum« (Löse dich aus den Fesseln, entfliehe den Feinden!) lautet die Schlussformel eines Merseburger Zauberspruchs. Die altdeutsche Rechtssprache fasste Urteile in alliterierende Zwillingsformeln: Gut und Geld, Haus und Hof, Eigen und Erbe, Kind und Kegel, Schuld und Schaden, Schimpf und Schande, Kopf und Kragen. Das Zeitalter von Schrift und Buchdruck, da man jede Mitteilung, falls nötig, mehrmals nachlesen kann, muss den Parallelismus als eine Verschwendung von Zeit und Wörtern ansehen. Doch ahmt die geistliche Lyrik das biblische Vorbild auch noch in der Neuzeit nach. Georg Weissels bekanntes Loblied auf den Heiland drängt den Parallelismus entweder in zwei Halbverse: »Macht hoch die Tür, die Tor' macht weit«, »O wohl dem Land, o wohl der Stadt«, oder verteilt ihn auf zwei Verse: »Er ist die rechte Freuden-Sonn / Bringt mit sich lauter Freud und Wonn.«

Vollständige oder partielle Wiederholung des Textes ist auch der weltlichen Lyrik der Neuzeit nicht fremd. In Opern und Singspielen des 17. und 18. Jahrhunderts werden Arien mehrmals hintereinander gesungen, ohne dass sich dabei Text und Melodie änderten. Dagegen lässt die neuere Lyrik die Wiederholung identischer Textpassagen nur in beschränktem Maß zu, im Refrain – dem ›Kehrreim‹ – oder in speziellen Gedichtformen wie Rondeau, Ritornell, Triolett, Glosse: An bestimmten Stellen des Gedichts müssen einzelne Verszeilen unverändert wiederkehren. Man könnte sie als erweiterte Reime verstehen. Besonders in der englischen Lyrik ist die Wiederkehr der Anfangsverse am Schluss des Gedichts beliebt. William Blakes Gedicht *The Tyger* endet mit der Strophe, mit der es begonnen hat:

Tyger! Tyger! burning bright
In the forests of the night,
What immortal hand or eye
Could frame thy fearful symmetry?

(Tiger! Tiger! brennender Glanz
In den Wäldern der Nacht,
Welche unsterbliche Hand, welches Auge
Konnte deine furchtbare Symmetrie ersinnen?)

Weil die Antwort ausbleibt, wird die Frage wiederholt; die Frage ist die Antwort. Wie ein Tanz am Ende wieder zur Ausgangsposition zurückführt, so hat sich am Ende das Gedicht nicht vom Anfang entfernt. Eine Zeitlang stand die Zeit still. Die geregelte Abweichung von der Repetition verhindert Monotonie, steigert jedoch zugleich die Sehnsucht nach der Wiederkehr der dominanten Form. Im Lächeln der Sänger und Zuhörer spiegelt sich das Glück, wenn der ›richtige‹ Rhythmus oder dieselbe Wortfolge nach einer Unterbrechung zurückkehren. Dann triumphiert die gefährdete und doch stabile Ordnung über die momentane Störung, das Zeitlos-Immergleiche über das Ephemere.

Keine andere Art der Wiederholung ist in nachantiken Gedichten so auffällig und populär wie der Reim, neben dem Metrum die kleinste Einheit der Wiederholung. Er dient bis heute Hörern und Lesern als Hauptkriterium, um Poesie von Prosa zu unterscheiden. Da der Reim am Ende der Verszeile steht, übernimmt er in der neuzeitlichen Lyrik häufig an Stelle des Rhythmus die Aufgabe, die elementare Maßeinheit des Gedichts bewusstzumachen. Es ist nicht möglich, in Rilkes *Sturm* ein festes Metrum auszumachen; allein der insistierende Reim gliedert die Strophe in Verszeilen:

Wenn die Wolken, von Stürmen geschlagen,
jagen:
Himmel von hundert Tagen
über einem einzigen Tag –:

Im Mittelhochdeutschen hieß ›rîm‹ die Verszeile; aus dem für sie charakteristischen Schluss entwickelte sich die neue Bedeutung von ›Reim‹. Die wachsende Zahl der Reimarten kompensiert in der neuzeitlichen Lyrik die geschwundene Vielfalt antiker Metren: Paarreim, Kreuzreim, umarmender Reim, Binnenreim, Schlagreim, stumpfer und klingender Reim, Alliteration, Assonanz und viele mehr. Klagelaute oder Frohlocken, mit denen Verszeilen von antiken Kultgesängen enden, haben die Erfindung des Reims vorbereitet.

Der Reim entdeckt eine Ähnlichkeit zwischen Wörtern, die nichts miteinander zu tun haben, deren Klang jedoch teilweise übereinstimmt, weshalb man sie für verwandt halten könnte. Dabei erstreckt sich die Verwandtschaft lediglich auf sinnlose Wortteile: »›Schloss‹ und »Ross« haben nur ›oss‹ gemein, »sehnen« und »lehnen« nur ›ehnen‹. Sie lassen an eine Geheimsprache denken, in der ›oss‹ und ›ehnen‹ etwas bedeuten könnten. Gerade weil diese gereimten Wortfragmente in der Umgangssprache keinen Sinn ergeben, erregt ihr Gebrauch in der Verssprache den Verdacht, im Gleichklang sei ein höherer Sinn verborgen. Interpreten lieben es, Sinnzusammenhänge in den Reimwörtern zu vermuten. Sie lassen sich von Alexander Popes Maxime leiten: »The sound must seem an Echo to the sense« (Der Klang soll als Echo des Sinns erscheinen). Um den Leerlauf solcher Sinnerwartungen bloßzulegen, häufen komische Gedichte exquisite Reime. *Orges Antwort* in Brechts *Hauspostille* reimt »Schweinerei« auf »geworden sei«, »Täler« auf »wähler-«(ischer), »kommun« auf »auszuruhn«, »Realie« auf »Fäkalie«. Die vom Reim erhoffte Sinnstiftung gelangt beim Nonsens an, sobald der aparte Gleichklang an nichts anderes mehr denken lässt als an den Gleichklang.

Als »Ordnung in der Bewegung« definiert Platon in den *Gesetzen* den Rhythmus. Wie die Musik beruht auch er auf Zahlenverhältnissen, also auf der strengsten Form von Ordnung. Das rhythmische Fundament eines Liedtypus bleibt bestehen, auch wenn Melodie, Text, Sänger und Aufführungstag sich ändern. Auf dem liberalen Gebiet der Literatur ist allein bei der Metrik und beim Reim von Gesetzen die Rede. Solange Gedichte im Dienst des Kults von einem Chor getanzt und gesungen wurden, war jeder Verstoß gegen die

»Ordnung in der Bewegung« eine Störung der Tänzer und zugleich ein Sakrileg. Das nicht risikofreie Unternehmen, ein Fest zum Wohlgefallen der Götter auszurichten, erforderte die penible Beachtung sakrosankter Regeln, besonders dann, wenn neue Texte dem althergebrachten Rhythmus angepasst werden mussten. Obwohl das modernere, weniger verbindliche System der Literatur sich von den archaischen Pflichten des Kults emanzipiert hat, blieb durch die metrischen Regeln ein Nachklang kultischer Ordnung in der Poesie erhalten. Daher gibt es eine geringe Zahl von Metren für eine große Zahl variabler Texte. Millionen Epigramme respektieren das Distichon, das Verspaar aus Hexameter und Pentameter, als ihr klassisches Versmaß; Millionen Sonette erfüllen das 14-Zeilen-Schema des Sonetts, unendlich viele Kombinationen von Wörtern werden so gewählt, dass deren Betonungsfolge immer wieder einen vierhebigen Jambus ergibt.

Das naive Glück wie der mechanische Zwang der Wiederholung machen sie dem ästhetischen Bewusstsein der Moderne verdächtig. Da jede Art von Wiederholung, die metrische wie die phonetische, Regeln respektiert, steht sie dem modernen Postulat der Originalität im Wege. In der Renaissance beriefen sich die ersten Versuche, reimlose Gedichte zu schreiben, auf das Vorbild der Antike. Im 18. Jahrhundert kündigten deutsche Dichter dem Metrum wie dem Reim die Gefolgschaft auf. Das poetische Wort sollte nicht mehr der sprachlosen Gewalt rhythmischer Zahlenverhältnisse untertänig sein. Diesem Aufstand kam ein Irrtum zu Hilfe: Man nahm an, dass die erhabenen Gesänge Pindars, der Psalmisten, der keltischen und germanischen Barden kein festes Metrum gekannt hätten. Die komplizierte Metrik dieser Gedichtformen wurde von den Philologen erst entdeckt, nachdem Klopstock und seine Schüler, unter ihnen der junge Goethe, ihre ›freien Rhythmen‹ einem auf Freiheit bedachten Jahrhundert vorgelegt hatten.

Ergeuß von neuem, du mein Auge,
Freudentränen!
Du, meine Harfe,
Preise den Herrn!
Umwunden, wieder von Palmen umwunden
Ist meine Harfe!
Ich singe dem Herrn!

Klopstocks *Frühlingsfeier* verzichtet auf Reim und Metrum,
behält aber sonst genügend Konventionen der lyrischen
Sprache bei. Niemand wird daran zweifeln, dass er es mit einem Gedicht zu tun hat: Anrufungen, enthusiastisches Sprechen im Präsens, Nachahmung von Verszeilen und Strophen
im Druckbild, Hinweis auf Gesang und Harfe (die nicht im
Ernst gebraucht werden). Wiederholung, früher das Resultat
von Metrum und Reim, wird nun zur Aufgabe des Vokabulars: Die Wörter »Harfe«, »Herrn«, »umwunden« treten je
zweimal auf. Der innere Drang ergriffener, nachdrücklicher
Rede, so gibt Klopstock zu verstehen, erzwinge solche Wiederholungen, nicht eine vorgegebene Regel. Eine Verwechs-
lung mit prosaischer Rede ist jedenfalls nicht zu befürchten.
Es ist möglich, auf Metrum und Reim zu verzichten und dennoch das Prinzip der Wiederholung zu berücksichtigen, das
doch an Metrum und Reim gebunden zu sein schien. Verse in
T. S. Eliots Gedicht *The Hollow Men* schaffen durch die Wiederholung identischer Wörter einen Ausgleich für den Mangel an Reim und Metrum:

The eyes are not here
There are no eyes here
In this valley of dying stars
In this hollow valley
This broken jaw of our lost kingdoms

(Die Augen sind nicht hier / Es gibt keine Augen hier / In diesem Tal sterbender Sterne / In diesem hohlen Tal / Diesem zerbrochenen Schlund unserer verlorenen Königreiche).

Im 20. Jahrhundert wird der Unterschied zwischen Lyrik und Prosa programmatisch verkleinert:

> Hey!
> Can I have some more
> milk?
>
> YEEEEAAAAASSSSS!
> – always the gentle
> mother!

Die Folge dieser Wörter entspricht dem Zeitverlauf gesprochener Rede; William Carlos Williams' Text beansprucht keine eigene, der physikalischen Chronologie enthobene Zeit. Dennoch muss ihn der Leser als Gedicht akzeptieren, weil der Dichter den Alltagsdialog in zwei Strophen zu je drei Zeilen unterteilt, also immer noch das lyrische Gesetz der Wiederholung beachtet. Sobald ein Text in Zeilen abgesetzt ist, wird der Leser nach Korrespondenzen in dieser Anordnung suchen (und sie vielleicht in »hey« und ›yes‹, in »milk« und »mother« finden). Hält sich der Text auch nur an das äußerlichste Kriterium von Versen, an die selbstbestimmte Zeilenlänge, so weckt er bereits das Verlangen, Wiederholungen zu entdecken – selbst dann, wenn er es enttäuscht.

7

Fest

Tänze und Lieder gehören zum Ritual des Fests. Bis in die Gegenwart haben Gottesdienst, Weihnachtsbrauch, der Auftritt von Tanzgruppen, Chören und Sängern bei lokalen Feiern die alte Einheit von Fest und Gesang bewahrt. Für die Siegesfeiern nach den pythischen Wettkämpfen, die alle vier Jahre zu Ehren Apollons am Fuß des Parnass stattfanden, dichtete Pindar mehrere Oden; die erste beginnt mit einem Lobpreis der »goldnen Harfe« Apollons und der Musen: »dir gehorcht der / Tanzschritt, des heiteren Fests Anfang; / Deinen Zeichen folgt der Sänger Chor.« Ausdrücklich nennt Pindars Dichtung den Rahmen, in dem sie eine Aufgabe zu erfüllen hat: das Fest des Gottes, das mit Tanz, Chorgesang, Musik eröffnet wird. Diese Ode wurde bei einem Zeusfest in Sizilien vorgetragen, das der Sieger im pythischen Wagenrennen von 470 v. Chr., der Herrscher Hieron von Aitna, aus Dank für Zeus und Apollon veranstaltete. Das Eingangsgedicht hat die Aufgabe, den Gott anzurufen, damit er die Feier und das Schicksal des erfolgreichen Kämpfers weiterhin begünstige: »Zeus Vollender [...] Hör mein Flehn, Zeus, gib, dass [...]« Das Fest bietet die wirkungsvollste Umgebung für Anrufung und Bitte, denn der große Aufwand an Opfern, Schmuck, Farben, Tönen, Gebärden macht die Götter auf die lyrisch vorgetragenen Wünsche aufmerksam und geneigt, sie zu erfüllen. Erscheint gar der angerufene Gott – unsichtbar, aber doch spürbar – auf seinem Fest, so haben in diesem Zeitraum die Sterblichen Anteil am Leben der Unsterblichen, an

Überfluss und Heiterkeit, an einer außergewöhnlichen Art von Bewegung – dem Tanz, der dem Schweben der Götter zu gleichen scheint – und an Klängen und Worten, die der Göttersprache entnommen sein könnten.

Feste markieren Schwellen im Leben, die nicht ohne besondere Zeremonien überschritten werden dürfen. Geburt, Pubertät, Hochzeit, Tod, Kampf und Sieg, die Übernahme eines neuen Amtes, Beginn und Ende der Fruchtbarkeitsperiode im Jahreslauf, der höchste und niederste Stand der Sonne werden daher feierlich begangen. An allen Schwellen lauern Gefahren, am Übergang von Nüchternheit zu Trunkenheit, vom Abend in die Nacht, vom Wachen in den Schlaf, vom Frieden in den Krieg, bei der Ankunft eines Menschen auf der Erde und beim Abschied von ihm. Deshalb braucht es Trinklieder, Serenaden, Wiegenlieder, Kriegslieder, Frühlingsgedichte, Wanderlieder, Totenklagen. Die wohlgeformte Ordnung der Lyrik wirkt, mit Beistand der angerufenen Mächte, dem drohenden Chaos entgegen. Deshalb war vor jedem Opfer ein Gebet erforderlich. Sogar den feierlichen Vorträgen der Rhapsoden, die homerische Epen rezitierten, ging eine sogenannte ›homerische Hymne‹ voraus. Auch später sprechen Lieder ausdrücklich von ihrer Aufgabe, ein Fest zu eröffnen. Häufig beginnen geistliche Lieder im Mittelalter mit der Aufforderung an die zum Fest versammelte Gemeinde, jetzt zu singen: »In dulci jubilo / nun singet und seid froh« zur Weihnachtsfeier; »Mit Gott so wöllen wir loben und ehrn / die heilgen drei König mit ihrem Stern« zum Dreikönigsfest; »In gotes namen fara wir, / seiner genaden gara wir« (begehren wir) zur Eröffnung einer Wallfahrt. Das *Trinklied der freien Mainzer* von 1793 gibt Anweisung, wie die durch französische Revolutionstruppen erlangte Freiheit zu feiern sei:

Nun kränzt mit Laub den liebevollen Becher
Und trinkt ihn fröhlich leer,
Denn unser Vaterland, ihr lieben Zecher,
Drückt kein Despote mehr!

Mit »nun« setzen viele dieser Lieder ein, die damit den Auftakt zum Fest geben. Der erwartete, dennoch plötzlich beginnende Gesang hat die Aufgabe, die formlose Zeit vor dem Fest von der rituell geformten Eigenzeit des Fests zu trennen. Auch im weiteren Verlauf des Fests werden an bestimmten Stationen Gebete gesprochen oder Lieder gesungen. Bereits antike Beschreibungen von Kulten teilen die Lieder nach ihrer Funktion im Festablauf ein: Lieder, beim Schreiten zum Altar zu singen; Lieder, zum Tanz um den Altar zu singen; Lieder, im Stehen zu singen usw. Das autonome Einzelgedicht ist eine neuere Erscheinung. Ursprünglich folgte jedes Gedicht im Verbund mit anderen Gedichten einem durch Tradition vorgegebenen und kollektiv anerkannten Zeremoniell. In welcher Weise Lieder und Gebete ein Ritual gliedern, spiegelt Aischylos' Tragödie *Die Perser*, deren Schauplatz eine Totenfeier am Grab des Königs Dareios ist.

Man wird einwenden, spätestens in der Neuzeit hänge die Lyrik nicht mehr vom Fest ab. Arien in der Oper, gelegentliche Songs auf dem Theater erinnern vielleicht an jene kultischen Handlungen, wie sie die attische Tragödie vorführte; doch haben diese lyrischen Einlagen in einem profanen Rahmen jegliche rituelle Notwendigkeit verloren. Selbst die sogenannten »Festspiele«, die das 19. und 20. Jahrhundert erfanden, kennen kein höheres Ziel als das ästhetische und gesellige Vergnügen der Besucher. Allein den Casualcarmina, den eigens für festliche Gelegenheiten aus privatem Anlass verfertigten Gedichten, wird man heute noch eine Zweckgebundenheit – und damit einen literarisch subalternen Rang – zuerkennen. Doch das archaische Erbe des Fests bewirkt, dass selbst in der neueren Lyrik alle vom Gedicht erfassten Situationen einen feierlichen Charakter annehmen. Morgen und Abend, Wandern, Verliebtheit, Auszug und Heimkehr, Frühling und Herbst werden zum festlichen Ereignis, sobald ein Gedicht davon spricht. Einige dieser lyrischen Situationen befinden sich genau an jenem Ort, wo einst ein Fest stattfand: Die vielbedichteten Bäume, Haine, Quellen waren in der Frühzeit Heiligtümer; Trinklieder setzen das kollektive Weinfest der griechischen Anthesterien und das private Gelage der Symposien fort; Frühlingslieder begrüßen die Jahreszeit des neuen Wachstums, wofür die mehrtägigen Dionysien und später das Osterfest eingerichtet waren; Liebeslyrik steht in der Tradition der Werbelieder, mit deren Hilfe ein junger Mann ein Mädchen zur Heirat zu bewegen hoffte; Hebbels *Herbstbild* (»O stört sie nicht, die Feier der Natur! / Dies ist die Lese, die sie selber hält«) und Rilkes *Herbsttag* (»Herr: es ist Zeit [...] Befiehl den letzten Früchten voll zu sein«) sind Liedern bei Erntefesten nachempfunden.

Noch im 20. Jahrhundert soll der Auftritt von Rezitatoren an eine sakrale Handlung erinnern. Vor einem andächtigen Publikum in einem geschmückten Raum werden die Gedichte in feierlichem Ton, mit würdevollen Gesten und in festlicher Kleidung vorgetragen. Klopstock und seine Verehrer stellten Gedichte in die Mitte eines eigens dafür arrangierten Festes. Die hymnische *Frühlingsfeier*, das Leitgedicht der Epoche, erteilt Handlungsanweisung für eine Feier, die es so im Festkalender noch nicht gab. Klopstocks Gemeinde versuchte, jede Begegnung mit dem umjubelten Dichter und den Vortrag seiner Oden zum Fest zu gestalten – zum Fest für eine neue Art von Lyrik, die selbst nicht mehr für ein herkömmliches Fest bestimmt war. Das höchste Ansehen in der neuzeitlichen Hierarchie der Lyrik genossen jene Gattungen, die in der antiken Kultur bei Festen gebraucht wurden: Hymne und Ode. Im 18. Jahrhundert galten sie, wenn nicht als heilig, so doch als erhaben. Erhaben ist, was einst die Menschen zu den Göttern erhob. Die religiöse Dimension der kultischen Lyrik wandelt sich zu einem Prädikat ästhetischer Erfahrung. Lyrik war nicht allein in den Ablauf eines archaischen Fests eingebettet, ihre Struktur ist davon auch so nachhaltig geprägt, dass sie bis in die Moderne ein Fest im Kleinen darstellt.

Will man etwas unter gewöhnlichen Umständen mitteilen, so kann die Mitteilung auf verschiedene Weise formuliert werden, mit diesen oder jenen Wörtern, mit wenigen oder vielen Sätzen. Dem Gedicht sind jedoch viele seiner Elemente bereits vorgegeben, ehe es entsteht: Gattung, Stilhöhe, Versart, Umfang, Ort und Zeit der Aufführung. Auch wenn seine Mitteilung neu sein sollte, muss sie sich in den Rahmen der festen Form fügen. Die Tradition der Dichtung liegt dem Werk des Dichters voraus wie die überlieferte Festordnung dem jeweiligen Festtag, wie die Maske dem Maskenträger. Es ist nicht abwegig, Funktion und Form des Gedichts mit einer Maske zu vergleichen. Nicht nur auf dem griechischen Theater sprachen oder sangen Schauspieler und Chöre durch Masken; auch bei einigen Festen ertönten feierliche Worte aus Masken von Göttern, Heroen, Tieren. Das Fest hält die Teilnehmer dazu an, eine Rolle zu spielen, also die jeweils erforderliche ›Maske‹ aufzusetzen und je nachdem ausgelassen, heiter, ergriffen oder traurig zu erscheinen. (Bereits die Namen der Lieder und Gedichte – Hochzeitsgesang, Trinklied, Totenklage usw. – legen den jeweils angemessenen Ausdruck fest.) Mag die Person hinter der Maske wechseln, diese selbst bleibt immer gleich; aus ihr kommt, verfremdet und vergrößert, die Stimme des Ursprungs, des Unveränderlichen und Wiederkehrenden. Die Maske normiert die individuelle Stimme und passt sie der Rolle an. Wie eine Maske ist die tradierte, invariante Form der lyrischen Gattungen den Variationsmöglichkeiten des Dichters vorgeordnet.

Es gibt weniger Festtage als Werktage; heilige Orte nehmen nur eng umzirkte Plätze im weiten Territorium des Profanen ein. Auch die Darbietung von Lyrik ist ein seltenes, kurzes Ereignis, verglichen mit der Unzahl prosaischer Äußerungen. Gerade die Seltenheit lyrischen Sprechens war in der traditionellen Kultur ein Anlass zur Freude: Es verwies über den Alltag hinaus. In der romantischen Dichtung gibt die Marginalität der Lyrik Anlass zu der Klage, dass die festliche Stimmung bald wieder dem Alltag weichen muss. Doch aus dem momenthaften Erleben des lyrisch-feierlichen Ausnahmezustands, aus der plötzlichen Erhebung und Verwandlung in ein anderes Ich, zieht die romantische Opposition gegen die Rationalität der bürgerlichen Welt ihr Pathos. Die Begründer der modernen Lyrik – Baudelaire, Rimbaud, Mallarmé – nehmen die Ausnahmestellung des Gedichts zum Modell, um den Poeten als Außenseiter zu heroisieren. Stefan George verband, um der Herrschaft der prosaischen Welt für immer zu entkommen, die festliche Form der Lyrik mit einem festlichen Lebensstil. Der George-Kreis versammelte Ausgewählte zum permanenten Fest für Auserwählte, auf dem dann Form, Schönheit, Ritual, Ferne von Alltag und Geschäft im Kultbild des Gedichts verehrt wurden. Die Initiation in den Kreis erfolgte durch das »Hersagen von Gedichten«. Max Kommerell, einem Jünger Georges, drängte dieser Versuch der Resakralisierung von Lyrik die Frage auf: »muß nicht auch an ein Gedicht geglaubt werden?« Aber trotz zahlreicher Anleihen bei der griechischen Kultur gelang es George nicht, den Gott zu nennen, dem das Fest gewidmet sein sollte. Die gutgläubigen Jünger nahmen die Person des »Meisters« oder, solange er abwesend war, seine kunstvoll gestalteten Gedichtbände zum Ersatz.

In der Geschichte der Lyrik wechselt die Abkehr vom Fest mit dem Versuch einer Rückkehr zum Festlichen. Es muss verwundern, dass die Ablösung des Gedichts vom Fest und damit die eigenständige Entwicklung der Lyrik bereits bei den griechischen Festen begann. Während die vorgeschriebenen Rituale, ebenso die Gattungsnamen und Rhythmen der Gebete und Chorgesänge gleichblieben, änderten sich von Jahr zu Jahr die Texte der Lieder. Selbstbewusst versprachen die für ein Fest ausgewählten Chorlyriker »ein neues Lied« und erfüllten damit die Erwartung der Veranstalter und Teilnehmer, die einer solchen Abwechslung nicht abgeneigt waren. Die rituelle Wiederholung des Fests weckte durch die Nicht-Wiederholung der begleitenden Lieder ein ästhetisches Interesse. Um die Auswahl der lyrischen Festbeiträge konkurrierten professionelle Dichter; seit dem 7. Jahrhundert v. Chr. sind sie namentlich bekannt. »Ein nie gehörtes Lied« kündigt Alkman den Festgästen in Sparta an. Seinen Namen fügt er in mehrere seiner neuen Lieder ein, um die eigenständige Leistung des Autors hervorzuheben. Von da an war es nicht länger möglich, die Festlieder als uralte, gar von Göttern stammende zwingende Formeln aufzufassen. Ähnlich rühmt sich Alkmans Zeitgenosse Pratinas, er »pflüge mitten durch Neuland: / Stimm ein äolisch Lied an!« Seitdem gilt das Neue, Originelle am Gedicht nicht mehr als Verstoß gegen den sakrosankten Ritus, sondern als Ausweis außerordentlicher poetischer Fähigkeit.

Offensichtlich und weitreichend sind die Folgen dieser Änderung im griechischen Festbrauch, die zur Konkurrenz mehrerer Dichter um denselben Auftrag führte und Neuheit belohnte. Aus dem »aoidos«, dem Sänger und Seher, wurde der »poietes«, der Schöpfer und Macher. Rätselhaft sind die Gründe dieser Neuerung. Man darf vermuten, dass die sportlichen Wettkämpfe, die mit zahlreichen hellenischen Festen verbunden waren, sich auf den Charakter der gesamten Veranstaltung auswirkten und Chöre, Chorleiter, Dichter ebenfalls zu einer Art Wettbewerb anstachelten. Mit den immer neuen Siegern mussten auch die für sie bestimmten

Preisgesänge wechseln, da sie – wie an Pindars Oden zu sehen – die individuelle Herkunft und Leistung des Sporthelden rühmten. Programmatisch kündigt Alkmans Chorlied für einen spartanischen Mädchenreigen an, dass es auf den immergleichen Kultgesang verzichten und ihn durch einen einmaligen Text ersetzen werde: »Alkon und andre Helden / übergehen wir im Lied«, weil nämlich Dichter wie Zuschauer des standardisierten Lobpreises dieser mythischen Heroen Spartas überdrüssig sind. Stattdessen gilt das Augenmerk den Mädchen, die an dem gerade stattfindenden Fest mitwirken. »Singen / Wir den Glanz der Agido!« und ihrer Schwester Hagesichora, die einem Rennpferd gleiche: ein »Preise gewinnendes, wiehernd und stampfendes, / Ein wie aus Träumen entsprungenes Pferd.« Dieser Vergleich macht den Einfluss des sportlichen Kampfes auf die Aufführung von Lyrik sinnfällig. Dies alles war neu und nur dies eine Mal zu sehen und zu hören: die beiden Teilnehmerinnen am Chorreigen, Alkmans überraschender Vergleich der Mädchen mit Rennpferden und eben das Chorlied selbst, das die Läuferinnen mit diesem poetischen Einfall rühmt.

Die Einzigartigkeit eines Liedtextes rief bald den Wunsch hervor, ihn schriftlich aufzuzeichnen und in Abschriften zirkulieren zu lassen, damit er auch außerhalb des Festes von Kennern gelesen, in privaten Sammlungen, schließlich in öffentlichen Bibliotheken aufbewahrt und von jüngeren Autoren nachgeahmt oder überboten werden konnte. Unter der Vielzahl von Liedarten, die sich aus der Vielzahl der Feste und den verschiedenen Stationen innerhalb eines Festritus ergeben hatten, durfte nun ein Dichter, fern vom Fest, je nach Geschmack und Talent sein Vorbild wählen. Die alexandrinischen Poeten, die zugleich Bibliothekare und Philologen waren, dichteten zwar weiterhin Hymnen, Preis- und Klagelieder, als seien sie für Feste gedacht; in Wahrheit jedoch wetteiferten sie um die Gunst gebildeter Leser und die Aufnahme

in den literarischen Kanon. Durch die Ablösung vom Fest –
Verlust und Befreiung in einem – wurde Lyrik zu Literatur.
Schon antike Poetiken klassifizierten, wie heute literaturwissenschaftliche Handbücher, die einzelnen Gattungen der Lyrik als Nebeneinander von Textsorten und lösten sie so aus
ihrer Verankerung im Fest. Die heidnischen Feste gerieten in
Vergessenheit, die Texte hingegen, immer wieder kopiert oder
zitiert, erhielten sich durch die Jahrhunderte. Dies machte den
Abstand der nacharchaischen Dichtung von der archaischen
bewusst, gleichzeitig aber den ständigen Rückgriff auf die
ältesten Formen möglich. Seitdem das Gedicht aus dem Fest-
dienst entlassen ist, gibt es eine profane Geschichte der Lyrik.

Nie wieder hat sich jener enge Zusammenhang von Lyrik
und Fest so hergestellt, wie er in der klassischen griechischen
Kultur bestand. Nur rudimentär lebt er weiter, nur par-
tiell kehrt er wieder. Geistliche Gesänge und Gebete begleiten noch immer Kirchenfeste und Gottesdienst. Für staat-
liche Feiern, vor allem in Monarchien, wurden Festgedichte
in Auftrag gegeben. Auch heute, im demokratischen Zeitalter, verschafft Schillers *Ode an die Freude* in Beethovens
Vertonung Staatsakten eine gewisse Würde. Ein altes Lied
oder ein neues Gedicht umrahmten noch bis in die jüngste
Zeit private Geburtstagsfeiern. Lied und Gedicht bestätigten
einer geselligen Veranstaltung, und sei es auch nur ein Ausflug oder ein Vereinsabend, dass sie dem Alltag entrückt und
wie jedes Fest von guten Geistern beschirmt sei. Teilnehmer
an solchen staatlichen und bürgerlichen Feiern kamen früher
unvermeidlich mit Lyrik in Berührung, auch wenn sie sich
nicht für Literatur interessierten und keine Bücher lasen.
Vermutlich überwiegt die Menge der für große und kleine
Festivitäten produzierten und somit ins Leben verflochtenen
Gedichte bis ins 19. Jahrhundert bei weitem die Zahl solcher
Gedichte, die als autonome Kunst gelten und zur anerkannten Literatur gehören wollten.

Löst sich das Gedicht aus seiner Abhängigkeit vom Fest, so bleibt dennoch die Festlichkeit seiner Sprache erhalten. Sie bewahrt Anrufung, Klage, Bitte, die einst erhabene Wesen zum Fest luden. Wenn es keine Götter, Helden, Könige und Allegorien mehr zu feiern und zu preisen gibt, zeichnet der auf sich gestellte Dichter alle möglichen Augenblicke des Lebens mit der Würde eines unverhofften Festes aus. William Carlos Williams genügt der Blick auf einen Schubkarren, um einem Hinterhof festliche Schönheit zu verleihen (was freilich eine verschwenderische Darbietung auf dem Papier erfordert):

so much depends
upon

a red wheel
barrow

glazed with rain
water

beside the white
chickens.

(so viel hängt ab / von // einem roten Schub / karren // glasiert mit Regen / wasser // neben den weißen / Hühnern.)

Den Repräsentanten der modernen Lyrik dient das Fest als Metapher, um den zweckfreien Zweck des Gedichts zu bezeichnen. Die Arbeit der modernen Poeten müsse, so postuliert Mallarmé, darin bestehen, Verse für »einsame Feste« zu »läutern«. Valéry umschreibt das Gedicht als »ein Fest des Intellekts«. Ein Gedichtzyklus Verlaines bedichtet längst vergangene *Fêtes galantes*. Was einst die spezifische Aufgabe der archaischen Lyrik war, verwandelt sich bei den späten Erben in gebildete Erinnerung und innere Erhebung. Ein solch einsames Fest der poetischen Imagination könnte mit Mallarmés *Salut* beginnen:

Rien, cette écume, vierge vers
A ne désigner que la coupe

(Nichts, dieser Schaum, jungfräulicher Vers
Um nur den Pokal [oder: den Einschnitt] zu bezeichnen).

Im Nichts, dem metaphysischen Ort des modernen Gedichts, treten die Elemente des antiken Festes wieder auf: Verse, Jungfrauen, Pokale. Pur und absolut ist die von Valéry propagierte »poésie pure« oder »poésie absolue« erst dann, wenn sie sich ihrer ältesten Pflicht erinnert, des Festdienstes, sich aber zugleich dieser Pflicht entledigt. Von der Dienerin des gemeinsamen Festes ist die Poesie zur Herrin des einsamen Festes emporgestiegen.

8

Gemeinschaft

Seit 1858 gibt es das *Allgemeine Deutsche Kommersbuch*, eine Sammlung von Liedern, eingerichtet für das gemeinsame Singen beim Kommers, der feierlichen Form studentischer Kneipabende. Im Vorwort zur 100. Auflage, die 1914 erschien, bedauert der Herausgeber Eduard Heyck ironisch die moderne Lyrik, der kein solcher Erfolg beschieden sei wie diesem Liederbuch. Schuld daran sei »das Abschwenken der literarischen Dichtung zum betonteren Ich-Künstlertum. Die Auguren der modernen Lyrik haben keine Lieder«; ihr mangle die »veredelte Gemeingültigkeit« des Singens im Chor. Zumindest Verkauf und Verwendung des *Kommersbuchs* (2008 erschien die 165. Auflage, 2010 auch eine Taschenbuchausgabe) geben dem Verächter der Moderne recht: Im Vergleich zu lyrischen Texten, die der Geselligkeit dienen, sind die von der Literaturkritik und der Literaturwissenschaft kanonisierten Texte des »betonteren Ich-Künstlertums« ein spätes und marginales Phänomen in der Geschichte der Lyrik, das nur einen kleinen Kreis von Kennern und Liebhabern beschäftigt. Gedichte Goethes, Eichendorffs und Uhlands fanden noch Eingang in Liederbücher, Gedichte Hofmannsthals, Rilkes und Georges nicht mehr – wie hätten Laien diese hermetischen Texte auch singen sollen?

Einsamkeit ist ein bevorzugtes Thema der Lyrik seit dem 18. Jahrhundert. Einsam ist auch ihr Dichter, der selbst nicht zu sagen wüsste, wer sein Gedicht wann, wo und wozu brauchen könnte. Er muss auf einen unbekannten Leser hoffen, der sich bei seiner einsamen Lektüre von diesem isolierten Gedicht unbestimmt berührt fühlt. Gerade das Gefühl der Einsamkeit, das aus dieser Art der Lektüre entsprang, wurde zum generellen Merkmal der Lyrik erklärt. Um der in der Moderne verbreiteten Vorstellung von reiner, in Einsamkeit erfahrener Poesie entgegenzutreten, schickte Brecht seiner lyrischen *Hauspostille* eine »Anleitung zum Gebrauch« voraus. Wie der auf Luther verweisende Titel zitieren auch einzelne Gedichte der *Hauspostille*, etwa die *Liturgie vom Hauch*, oder Gedichtabteilungen, etwa »Bittgänge« oder »Exerzitien«, Begriffe der geistlichen Didaktik. Ägyptischen Hymnen und jüdischen Psalmen steht häufig die Anweisung voran, sie seien »zu rezitieren« oder »vorzusingen«, also einem Kollektiv zu vermitteln. Es wäre angemessen, Personen, die Lyrik auf diese Weise brauchen und gebrauchen, Benutzer und nicht ›Rezipienten‹ zu nennen, da Rezeption an die subjektive, zur Umdeutung bereite Einstellung von Lesern denken lässt. Die Benutzer eines lyrischen Textes hingegen sind daran interessiert, dass er einen speziellen Zweck zum richtigen Zeitpunkt erfüllt: zum Tanzen, Marschieren, Trinken ermuntert, eine Krankheit hinwegzaubert, Weisheit lehrt, gute Geister herbeiruft.

Brauchbarkeit unterscheidet Gedichte von Erzählungen, denen man zuhört, und Theaterstücken, denen man zuschaut, ohne sich am Geschehen zu beteiligen. Lieder und Gedichte jedoch regen zum Mitmachen an. Sie setzen Stimme und Gliedmaßen in Bewegung, berichten nicht wie Erzählung und Drama von einem vergangenen, fernen Ereignis, sondern artikulieren jetzt, im Präsens, ein aktuelles Begehren, das Sänger, Sprecher, Chor mit denen teilen, die ihnen zuhören. Wer bei der Rezitation »ich« oder »wir« sagt, wie es die meisten lyrischen Texte erfordern, übernimmt oder spürt wenigstens eine gewisse Verpflichtung, das zu tun, wovon er gerade spricht: »Wir ruhen, vom Wasser gewiegt, / Im

Kreise vertraulich und enge« verlangt das *Lied zu singen bei einer Wasserfahrt* als angemessenes Verhalten von denen, die es singen oder aufsagen, selbst wenn es dazu in Wirklichkeit nicht kommt. Der praktische Zweck von Gedichten geht leicht verloren, sobald sie über ihre mündliche Aufführung hinaus in schriftlicher Form weitergegeben werden. Lebt der Zweck allein in der Erinnerung und Vorstellung des Lesers weiter, so nähert sich die Lyrik dem fiktionalen Status epischer und dramatischer Werke. Doch ist eine erneute praktische Realisierung des Textes nicht ausgeschlossen: Ein Leser kann Johann Gaudenz von Salis-Seewis' Lied zur »Wasserfahrt«, nachdem er es memoriert hat, während einer Kahnfahrt singen. In Wanderliederbüchern stehen Lieder, die Schüler oder Vereinsmitglieder auswendig lernen, um sie dann tatsächlich auf Wanderungen zu singen.

Aus dem Griechischen ist ein beim Mahlen des Korns gesungenes Arbeitsliedchen überliefert, das dem Rhythmus der Hand folgt, die den Stein bewegt: »Alei, myla, alei« (Mahle, Mühle, mahle!). Die Begleitung durch den Gesang erleichtert die Arbeit, indem er den harten Gegenstand, den Mühlstein, behandelt, als wäre er ansprechbar und könnte selbst an Stelle des Mahlenden die Arbeit verrichten. Wort, Rhythmus, Melodie machen aus der mühseligen Tätigkeit des Menschen ein schwereloses Spiel. Greift die neuere Lyrik dieses alte Muster der Zweckhaftigkeit noch einmal auf, so wird sogleich der Unterschied zwischen praktischem Gebrauch und literarischer Imitation bemerkbar. Conrad Ferdinand Meyers *Säerspruch* – er beginnt: »Bemeßt den Schritt! Bemeßt den Schwung! / Die Erde bleibt noch lange jung!« – wird weder von noch zu wirklichen Säern gesprochen. Vielmehr stellen sich Leser, die nie eine Feldarbeit verrichten werden, vor, was sie Feldarbeitern zurufen könnten, damit diesen die Arbeit leichter von der Hand geht. Doch wird sich keinem Leser, auch nicht bei einem Ausflug aufs Land, Gelegenheit bieten, dieses Gedicht in einer passenden Situation anzubringen. Es ist ein für die Arbeit untauglicher Arbeitsspruch; ihren angemessenen Platz finden diese Verse in einem Gedichtband.

Die griechische Poetik teilte die Lyrik in zwei Gruppen ein, in Lieder für (oder an) Götter (eis theous) und in Lieder für Menschen (eis anthropous). Für Götter waren bestimmt: Hymnos, Prosodion (Prozessionslied), Paian (Bittgebet zur Abwehr eines Übels), Iobakchos (Jubelruf für Dionysos), Dithyrambos (von der Flöte begleiteter Gesang zu Ehren des Dionysos), Nomos (vor Göttern beschworenes Gesetz), Adonidion (Trauerklage um Adonis), Hyporchema (Tanzlied). Für Menschen waren bestimmt: Enkomion (Lobpreis), Epinikion (Siegesgesang), Skolion (Trinklied), Erotikon (Liebesgedicht), Epithalamion (Ständchen vor dem Brautgemach), Hymenaios (Hochzeitsgesang), Sillos (Spottlied), Epikedion (Totenklage) – die Aufzählung ist nicht vollständig. Sämtliche lyrische Gattungen waren »für« etwas da, sie waren also nicht zweckfreie Poesie. Diese Einteilung nach Zwecken endet nicht mit der griechischen Antike. Auch Titel deutscher Gedichtbände aus dem 18. Jahrhundert annoncieren ihre Verwendbarkeit: *Wiegenliederchen für deutsche Ammen, Kleine Lieder für kleine Mädchen, Lieder für Schulen und häusliche Zirkel, 24 Lieder für Junggesellen, Vaterlandslieder für Wirtemberger und andere biedere Schwaben, Lieder und andere Gesänge für Freunde einfacher Natur, Lieder und Gesänge für fühlende Seelen,* wobei die letzten beiden Titel den Übergang vom eindeutigen Zweck zu vagen Stimmungen verraten. Noch das im 19. Jahrhundert weitverbreitete *Mildheimische Lieder-Buch* nennt im Inhaltsverzeichnis zum dritten und vierten Teil der Sammlung die Gelegenheiten, zu denen die ausgewählten Gedichte passen: »Tafellieder für vermischte Gesellschaften«, »Besondere Trinklieder für Männer-Gesellschaften«, »Lieder bey Landparthieen«, »Bey Kindtaufen«, »An Jubelfesten«, »Für Kaufleute und Krämer«, »Für Bettelleute«, »Lieder zum Fest aller Deutschen«. Die Präpositionen »für«, »bei«, »zu« bezeichnen die zweckhafte Verbindung von lyrischem Text und sozialer Situation. Allerdings gehen dieser Gebrauchslyrik zwei anspruchsvollere Teile voraus, die lakonisch und umfassend »die Natur« sowie »den Menschen« zum Thema haben. Zweckhaftigkeit ist zu einem Merkmal geringeren poetischen Ranges geworden.

Es finden sich Beispiele genug von Liedern, die zunächst eine lokal begrenzte Aufgabe hatten, dann jedoch den Status von Kunstwerken erlangten. Die venezianische Barcarole half Schiffern und Gondolieren, sich Nachrichten über die Wasserfläche zuzurufen und Zusammenstöße bei Dunkelheit oder im Nebel zu vermeiden. Nachdem die Besucher Venedigs seit dem 18. Jahrhundert an diesen gesungenen Zurufen Gefallen gefunden hatten, wurden sie von Komponisten und Dichtern zitiert. Goethe, darin dem Zeitgeschmack verpflichtet, wollte aus der praktischen Kommunikation der Kahnführer eine moderne Seelenlage heraushören: »Gesang ist es eines Einsamen in die Ferne und Weite, damit ein anderer, gleichgestimmter, höre und antworte.« In Nietzsches Venedig-Gedicht wird daraus ein Bild des vereinsamten Dichters, den nicht einmal ein Gleichgestimmter vernimmt:

Meine Seele, ein Saitenspiel,
sang sich, unsichtbar berührt,
heimlich ein Gondellied dazu,
zitternd vor bunter Seligkeit.
– Hörte Jemand ihr zu? ...

Ein Nachklang entschwundener Lebenspraxis ist noch in der romantischen Lyrik zu vernehmen. Hier finden sich weiterhin Wiegenlieder, Gebete, Abschiedslieder, Ständchen, die doch nicht mehr zum Einschlafen, Beten, Abschiednehmen, nächtlichem Liebeswerben taugen. Das einsame Gedicht erinnert sich sehnsüchtig des Gemeinsamkeit stiftenden Gebrauchs.

Gegen das Programm der romantischen und modernen Lyrik, Einsamkeit zu beklagen und zugleich zu feiern, inszenierten Gruppen, die sich auszuzeichnen wünschten, weiterhin durch Gesänge neue Rituale der Gemeinsamkeit. Ein Tübinger *Commers- und Liederbuch* von 1815 erteilt genaue Anweisung, wie sich die Mitglieder der Burschenschaft beim Vortrag des Lieds zu verhalten hätten. Als stünde eine heilige Handlung bevor, werden die Versammelten zunächst aufgefordert, ihre Plätze einzunehmen und still zu sein: »AD LOCA! SILENTIUM!« Der Gesang selbst befiehlt, was während des Singens zu tun sei:

Brüder, lagert euch im Kreise,
Trinkt nach eurer Väter Weise,
Leert die Gläser, schwingt die Hüte,
Auf der Burschenfreiheit Wohl!

Der Chor hat die Verse des Vorsängers »Leert die Gläser ...« als Refrain zu wiederholen; nach jeder Strophe ertönen Vivatrufe. Für wechselnde Umstände sind Variationen vorgesehen: Den lückenhaften Vers »Daß – – ia's Muth nie wanke« begleitet die Erläuterung, »wo zwey Striche stehen, wird allemal der Name des Musensitzes [d. h. der Universität], oder des Freundes, dem es gilt, gesungen.« Manchem Lied des *Commersbuchs* folgt die Aufforderung, das Glas zu leeren («EX!«). Am Ende des Kommerses ist der Austausch von Freundschaftsbezeugungen und der Übergang zu formloser Unterhaltung vorgesehen: »SMOLLIS. FIDUCIT. COLLOQUIUM.« Gedicht, Gesang, Ritual schließen die durch pragmatische Motive – Studium, soziale Schicht, regionale Herkunft, politische Meinung – gebildete Gruppe so zusammen, dass sie sich im erhöhten Zustand als Gemeinschaft fühlt. Kommerslieder preisen Freundschaft und stiften dadurch Freundschaften. Der Gesang verhilft Institutionen zu Pathos und Selbstbewusstsein.

Bereits die Lautstärke beim Singen im Chor muss jeden Beteiligten davon überzeugen, dass eine Gemeinschaft mehr vermag als der Einzelne. Sprechchöre in Fußballstadien nehmen die erhoffte Überlegenheit der eigenen Mannschaft durch akustische Dominanz vorweg. Dem Chor, in dem mehrere zur gleichen Zeit dasselbe sagen, wächst Macht zu. »Choros« heißt im Griechischen Tanzreigen und Gruppengesang. Der Chor benötigt einen Leiter, der den Auftritt einstudiert und Einsätze gibt. In Thessalien führte der Feldherr den Titel »Vortänzer« (proorchester), weil er bei Gesangsfesten die Chöre zu leiten hatte wie das Heer in der Schlacht. Um die sozialistische Idee des Kollektivs chorisch vorzuführen, skandierten im sowjetischen Russland in Festhallen und Sportarenen Tausende die Verse von Puschkin und Majakowski. Noch heute ertönen auf Demonstrationen von Massen nur rhythmisch organisierte Verse, nie prosaische Sätze. Der wiederkehrende Rhythmus sorgt beim Tanzen, Singen, Sprechen im Chor für die Einheitlichkeit von Bewegung, Ton und Wort. Gerade die Schwierigkeit, die synchrones Sprechen und Singen einem Kollektiv bereitet, zwingt zu einer wohlvorbereiteten Darbietung. Rhythmus, Melodie und Text müssen festgelegt, allen bekannt, eingeübt, im Gedächtnis bewahrt sein, damit ein geschlossenes und eindrucksvolles Ergebnis zustande kommt. Je weniger die chorische Ordnung dem formlosen Geplauder der alltäglichen Kommunikation gleicht, desto mehr stärkt die Aufführung die Vermutung, sie ziele auf einen höheren Zweck. So festigt sich der Glaube, dass nur eine die Menschen anstrengende Art der Mitteilung den Zugang zu jener anderen Sprache der göttlichen Wesen eröffne.

Allein aus den Aufgaben und Bedürfnissen des Kollektivs, nicht aus dem Schönheitssinn und Sprachgeschick einzelner

Dichter sind Entstehung und Charakter der lyrischen Formen herzuleiten. Bereits das äußerlichste Merkmal der lyrischen Dichtung, ihre Kürze, hat seinen Grund im chorischen Vortrag: Um die Übereinstimmung aller Beteiligten zu gewährleisten, darf er nicht zu lang sein. Die formalen Eigenschaften der Lyrik sind auf die technischen Anforderungen zurückzuführen, die sie an eine Gruppe stellt. Das von einem Einzelnen gesungene oder gesprochene Gedicht, das ebenfalls diese Anforderungen erfüllt, obwohl sie dafür nicht unerlässlich wären, ist eine jüngere Erfindung. Es übernimmt chorische Eigenschaften ohne chorische Funktion. Vermutlich ist der Vortrag des einzelnen Sängers aus der Praxis des Chorleiters hervorgegangen, der dem Chor zur Einübung den Text vorsprach oder vorsang. In den regelgebundenen Formen der Lyrik, in Vers, Reim, Strophe, lebt die ursprünglich kollektive Darbietung bis in die Gegenwart fort, auch wenn weder Verfasser noch Leser des neuzeitlichen Gedichts sich dieser Herkunft bewusst sind. Obwohl die Neuzeit eine individualistische Lyrik propagierte, blieb das Regelwerk einer für das Kollektiv ersonnenen Vortragsweise bis an die Schwelle der Moderne unerschüttert. Wer sich metrisch organisierte Verse laut oder leise vorsagt, der spricht, obgleich allein, als Teil eines imaginären Chors mit disziplinierter und mächtiger Stimme. Das Metrum von Versen, die Noten eines Lieds halten individuelle Abweichungen beim Sprechen und Singen in engen Grenzen. – Moderne Lyriker (Brecht ist eine ostentative Ausnahme) rechnen nicht mehr damit, dass ihre Texte von Chören aufgeführt werden. So ist es nur konsequent, dass die moderne Lyrik die rhythmische Form überhaupt aufgibt, nachdem die gemeinsame Darbietung von Gedichten längst entfallen ist.

Im *Evangelischen Gesangbuch* lautet die dritte Strophe eines Lieds von Johann Rist:

Auf auf, ihr Vielgeplagten!
der König ist nicht fern;
seid fröhlich, ihr Verzagten,
dort kommt der Morgenstern;
der Herr will in der Not
mit reichem Trost euch speisen,
er will euch Hilf erweisen,
ja dämpfen gar den Tod.

Hier werden große Versprechungen gemacht, deren Einlö-
sung einem kritischen Kopf zweifelhaft erscheinen könnte:
Christus werde bald als König wiederkehren, jetzt schon
tröste er, helfe und erleichtere den Tod. Schriebe ein Leser
diese starken Behauptungen allein dem Dichter Rist zu, so
wären sie weniger glaubwürdig, als wenn sie die Kirchengemeinde im Chor singt. Beim gemeinsamen Gesang ist jeder
zugleich Mund und Ohr, Sänger und Hörer, sodass der »Ver-
zagte« Unterstützung und Bestätigung durch die Gemeinde
erhält. Das Heil scheint gewisser zu sein, wenn alle es verkünden. Jedem Sänger im Chor wird Trost von den anderen Sängern zuteil, und er spricht diesen anderen mit denselben Worten seinerseits Trost zu. Die Wendung vom Objekt
zum Subjekt des Trosts, vom Ihr zum Ich, vollzieht sich im
Akt des Chorgesangs, der die eigene Stimme wiederholt und
vergrößert. Lautstärke verschafft menschlichen Behauptungen eine übermenschliche Glaubwürdigkeit. So sagt auch das
Marschlied den Marschierenden, dass ihr Tun mehr sei als ein
möglicherweise vergeblicher Kraftakt.

Kultgemeinschaft (Thiasos), Kirchengemeinde, Jagdge-
sellschaft, Arbeitskolonne, militärische Einheit, Symposi-
on, Liedertafel, Burschenschaft, Pfadfinder, Karnevalsver-
ein – all diese Gruppen erfahren ihre Zusammengehörigkeit
durch den gemeinsamen Vollzug von Gebet, Spruch, Gesang.
Sie konstituieren sich außerhalb der Familie, sind also nicht

durch Verwandtschaftsverhältnisse natürlich verbunden. Vielmehr stellen sie künstliche, für dauerhafte oder vorübergehende, materielle oder ideelle Zwecke gebildete Kollektive dar, die in der Künstlichkeit von Lyrik einen Ausdruck ihrer sozialen (also nicht naturgegebenen) Verbundenheit finden. Wie Losungsworte schließen Lieder und Sprüche die Gruppe zusammen und andere von ihr aus. Die Mitglieder der Gruppe mögen wechseln, ihre Lieder bleiben gleich und garantieren die überpersönliche Identität der Gruppe, manchmal, wie im Fall der Kirchenlieder, über Jahrhunderte hinweg. Das Lied, das einer jetzt gerade singt, gehört nicht ihm allein; andere vor ihm haben es schon gesungen, und andere nach ihm werden es wieder singen.

Eine neue Art der Geselligkeit entstand zu Beginn der Neuzeit. Es bildeten sich Gruppen, deren Mitglieder sich eigens zur Aufführung von Liedern zusammentaten. Seit dem 15. Jahrhundert trafen sich, zuerst in Italien, kleinere Zirkel von Liebhabern und Virtuosen des Gesangs, um gemeinsam zu singen. Das mehrstimmige ›Gesellschaftslied‹ (heute ›Tenorlied‹ genannt) erforderte besondere Fähigkeiten, Vorbereitung und Konzentration, sodass die künstlerische Leistung zum wichtigsten Ansporn der geselligen Unterhaltung wurde, ohne jede weitere kultische oder praktische Absicht. Das Ziel der Zusammenkünfte war Perfektion und Genuss von Kunst an sich. Um 1800 lebte diese Sitte, besonders in Deutschland, in größeren Gruppen als Liederkranz, Chor, Gesangsverein wieder auf. Die kollektive Darbietung gesungener Lyrik durch Laien ist bis heute verbreitet, nicht jedoch die der gesprochenen Lyrik. Diese wird meistens von einem Einzelnen in der Einsamkeit gelesen und manchmal vielleicht privat oder öffentlich vorgetragen. Da sich die Formen der Präsentation von Lied und Gedicht seitdem deutlich unterscheiden, werden sie auch zwei verschiedenen Kunstarten zugeordnet, das Lied der Musik, das Gedicht der Literatur.

Bereits um 500 v. Chr. gab es Sammlungen griechischer Trinklieder (skolia), aus denen die Teilnehmer eines Symposions einzelne Lieder auswählten. Selbst die einsame Lektüre von Gedichten, die später üblich wurde, setzt einen kollektiven Vorrat an Gedichten voraus. Seit Jahrhunderten halten Sammler, Schulen, Verlage, Bibliotheken einen Kanon von Gedichten auf Abruf bereit. Anthologien, darunter verbreitete ›Hausbücher‹ der Lyrik, sorgten und sorgen dafür, dass eine gewisse Anzahl von Gedichten vielen, fast allen vertraut wird und bleibt. Einzelne Verse und Strophen aus den kanonischen Texten ließen sich früher bei ernsthaften wie scherzhaften Gelegenheiten aus dem Gedächtnis zitieren. Der poetische Rang der bekannten und beliebten Gedichte differierte je nach Bildungsanspruch, keine Schicht jedoch lebte ganz ohne Gedicht. Das hat sich erst in der Gegenwart geändert, wo man zwar Songtexte hört, aber nicht mehr Verse spricht.

9

Aneignung

Der Behauptung, Lyrik bilde und festige Gemeinschaften, lässt sich die sprachliche Eigentümlichkeit der meisten Gedichte entgegenhalten, die doch das Personalpronomen ›ich‹ regiert. Bestätigt nicht die Grammatik die konventionelle Anschauung, Lyrik sei ›Ich-Aussage‹ und demnach Ausdruck von Subjektivität? Das Pronomen der 1. Person Singular steht auch dann im Zentrum des Gedichts, wenn es nicht explizit ›ich‹ sagt. Es lässt sich ebenso aus den deklinierten Formen ›mein‹, ›mir‹, ›mich‹ erschließen. Zuweilen redet dieses Ich sich selbst mit »du« an (»Warte nur! Balde / Ruhest du auch«); in Anrede, Anrufung, Ausruf, in Demonstrativa (dieses – jenes) sowie Zeit- und Ortsadverbien (jetzt – vorher; hier – dort) ist ein Ich implizit enthalten.

Ein Ich spricht das Gedicht – aber wer ist das? In alltäglichen Situationen ist stets eindeutig, wer es ist, der »ich« sagt. Und fast hat es den Anschein, als träfe die gewohnte Zuordnung des Pronomens zu einer greifbaren Person auch auf lyrische Texte zu, ist doch dem Gedichtband der Name seines Autors voran-, in Anthologien und Zeitschriften dem Gedicht nachgestellt, was auf Leser so wirkt, als sei es signiert und das »ich« im Gedicht durch eine namentlich bekannte Person beglaubigt. Doch die zahlreichen Fälle, in denen der Dichter andere Personen oder Personifikationen »ich« sagen lässt – Götter, Frauen, Jäger, Müller, den Hund, den Blumenstrauß –, widersprechen der Annahme, der Autor rede in eigenem Namen. Von welchem »ich« im Gedicht wäre verbürgt, dass es sich dabei nicht um eine Rolle handelt? Ein Gedicht Mörikes trägt die verheißungsvolle Überschrift *Selbstgeständnis* und beginnt so vertrauenswürdig wie ein Lebenslauf: »Ich bin meiner Mutter einzig Kind, /Und weil die andern ausblieben sind [...]«. In Wahrheit hatte Mörike mehrere Geschwister; er selbst kann also dieses »ich« nicht sein.

Bei genauerem Hinsehen verwandeln sich sogenannte ›Erlebnisgedichte‹, denen ein autobiographischer Gehalt attestiert wird, in Rollengedichte. Goethes Verse »O Mädchen, Mädchen, /Wie lieb' ich dich!« werden gerne biographisch entschlüsselt: »ich« sei Johann Wolfgang Goethe, der »dich«, Friederike Brion, geliebt habe. Doch unterscheiden sich Anlage und Geltung dieser Zeilen nicht von dem anonymen, von Orlando di Lasso komponierten und von Goethe geschätzten Lied: »Ich weiß mir ein Maidlein hübsch und fein, hüt' du dich!« Auch in Goethes *Mailied* spricht ein namenloser Jüngling zu einem namenlosen »Mädchen« im Ton ländlicher Liebeslieder. Fast alle Gedichte verzichten darauf, ihr »ich« mit konkreten Angaben zu einer einmaligen, fassbaren Person aufzufüllen. Das Ich in der Lyrik führt keinen Namen, lebt in keiner datierbaren Zeit, an keinem auffindbaren Ort; über seine familiäre und soziale Herkunft schweigt es sich aus. Umfang, Form und Inhalt von Gedichten sind so begrenzt, dass sie lediglich ein schematisches Ich in topisch wiederkehrenden Situationen – am Morgen oder Abend, im Frühling oder Herbst, am Fluss oder unter Bäumen – darzustellen vermögen.

Gedichte lassen sich leicht nachsprechen und von einem Sprecher zum anderen weitergeben; die rhythmische Form der Verse verhilft dazu, sie wörtlich dem Gedächtnis exakt einzuprägen, sodass es ihrem Sprecher vorkommen mag, als hätte er sie selbst hervorgebracht. Die konventionellen Elemente der Lyrik dienen einer Didaktik des Mitmachens.

Sprache und Form des Gedichts sind auf eine Aneignung durch jedermann, nicht auf individuellen Ausdruck berechnet. Jeder, der ein Gedicht nachspricht, übernimmt dessen Ich. Gerade weil es weder bekannt noch beschrieben ist, kann an seine Stelle das aktuell anwesende Ich des Lesers oder Sprechers treten – freilich nicht dessen konkrete, einmalige Persönlichkeit, sondern das abstrakte allgemeine Ich, das allen Menschen zusteht. An der Funktion des Pronomens ›du‹ im Gedicht erweist sich, dass der Leser stets die Position des lyrischen Ich einnimmt. Ein »du« im Gespräch wird jeder, der das Wort hört, auf sich beziehen, ebenso wie der Adressat das »Du« in einem Brief. In diesen Fällen wird er den Satz »ich liebe dich« so verstehen, dass »dich« ihn selbst meine und er der oder die Geliebte sei. Trifft er jedoch in einem Gedicht auf die Formel »ich liebe dich«, so versetzt er sich nicht in die Rolle des geliebten »du«, sondern in die des liebenden »ich«. Die Entscheidung, sich mit dem »ich« statt mit dem »du« zu identifizieren, ist unabhängig vom Geschlecht des Autors wie des Lesers. Auch der männliche Leser der Sonette Louise Labés wird bei der Lektüre der Verse »Tant tu me tiens de façons rigoureuses, / Tant j'ai coulé de larmes langoureuses« (So hart du mich behandelst, / So fließen meine schmachtenden Tränen) sich in die Situation des »je« und nicht des »tu« begeben. Die Klage des Sonetts verlangt nach einer klagenden Stimme; der Leser leiht sie ihm. Anrufungen und die ihnen zugeordneten Sprechhandlungen des Bittens, Segnens, Dankens erfordern ein sprechendes Ich; der Leser übernimmt diese Aufgabe, indem er sich das Gedicht laut oder leise vorsagt.

Das Ich im Gedicht ist Gemeingut seiner Leser, nicht Privatbesitz seines Verfassers. Die Vorstellung von einem anonymen, kollektiven, von vielen verwendbaren Ich verliert etwas von ihrer Befremdlichkeit, sobald sich auch außerhalb des poetischen Sprachgebrauchs Verwandte und Vorbilder eines solchen Passepartouts von Ich-Formeln finden lassen. Zwar hat das bei der katholischen Kommunion auf Zetteln verteilte Gebet »Mein Herr und mein Gott, nimm alles mir, / was mich hindert zu dir!« einen bestimmten Verfasser, den ›Bruder Klaus‹ genannten Niklaus von Flüe; im kirchlichen Gebrauch aber meint das »ich« dieser Verse jedes Kommunionkind, das sie liest und aufsagt. Deutlicher noch wird die Übernahme einer Ich-Formel bei feierlichen Gelöbnissen sichtbar, etwa beim Apostolischen Credo: »Ich glaube an Gott, den Vater, den Allmächtigen, den Schöpfer des Himmels und der Erde […]«. Auch hier meint das »ich«, das im Messbuch steht, jeden Gläubigen, der das Glaubensbekenntnis nachspricht, nicht den historisch bestimmbaren Erfinder des Wortlauts. Ausdrücklich schreibt der Ordo Confirmationis des *Pontificale Romanum* vor, dass selbst dann der Singular des Pronomens zu benutzen sei, wenn bei der Firmung mehrere zugleich den Schwur ablegen. Der Bischof fragt die Firmlinge, ob sie den Werken und Verführungen des Satans entsagen wollen: »Die Firmlinge antworten alle zugleich: ›Ich entsage‹« (Confirmandi omnes simul respondent: ›Abrenuntio‹). Auf die Frage nach ihrem Glauben antworten sie ebenfalls im Chor und dennoch im Singular: »Credo«. Ähnlich sind die Gelöbnisse für die Priesterweihe in der 1. Person Singular vorformuliert, auch wenn der Ritus das gleichzeitige Gelübde mehrerer Kandidaten erwartet. Ein weltliches Gegenstück findet sich in den Eidesformeln, die ebenfalls das Pronomen »ich« vorsehen, unbekümmert darum, welche Person dies sein wird. Zwar verzichten Gedichte, soweit sie nicht bei rituellen Handlungen gebraucht werden, auf eine derart strenge Verpflichtung, aber selbst im spielerischen Umgang mit dem ›ich‹ im lyrischen Text wirkt noch das autoritative Verhältnis von Vorgabe und Übernahme nach.

Feierlichkeit begleitet das Nachsprechen von Schwurformeln wie das von Gedichten. Weder beim Entwurf der Eidesformel noch bei der Niederschrift des Gedichts stellt sich eine solche feierliche Stimmung ein, sondern erst im Akt der Vereidigung oder Rezitation. Erst im Sprechen erreichen Schwur und Gedicht ihr Ziel. Die Übernahme der Ich-Formel ist mit einer gewissen Erhebung verbunden; sie hebt das Ich aus seiner Alltäglichkeit heraus. In diesem Augenblick befreit es sich von individuellen Charakterzügen und zufälligen Umständen. Es glaubt, das richtige Wort für sein wahres Wesen und seinen höchsten Wunsch gefunden zu haben. Allerdings sind die Rollen, die das Ich im Gedicht dem zumutet, der es spricht, vielfältig, widersprüchlich, zuweilen unzumutbar. Wer möchte, wie in Robert Brownings *After*, der Duellant sein, der seinen getöteten Gegner anredet, wer, wie in Rilkes *Lied des Idioten*, ein Idiot, und wer könnte sich je in Mörikes Hund verwandeln, der seine holprigen Gratulationsverse dem Hausherrn darbringt? Doch nur durch solche Anverwandlung von Ich-Rollen, die dem je besonderen Leben eines Individuums verschlossen sind, lernt das einzelne, vereinzelte Ich den Umfang möglicher Individuationen auf der Welt kennen, und zwar auf die wirksamste Weise, indem das vorgestellte Ich der anderen mit dem eigenen Ich im gesprochenen »ich« zusammenfällt.

Sprechen, Hören des Gesprochenen, Weitergeben des Gehörten durch einen neuen Sprecher liegen in der Lyrik näher beieinander als in anderen Dichtungsarten. Im Theater wird das Gesprochene vom Zuschauer gehört, aber nicht wiederholt; eine Erzählung wird, wenn überhaupt, vom Zuhörer erst nach einem längeren Zeitraum und dann mit verändertem Wortlaut weitergegeben. Lieder und Verse hingegen werden bereits im Kindergarten vorgesungen und vorgesprochen, damit die Kinder sie auf der Stelle wortgetreu nachsingen und nachsprechen. An dramatische und epische Werke können Hörer und Leser selbst dann sich erinnern, wenn sie sämtliche Wörter des Textes vergessen haben: Handlungsverlauf, Charaktere, Episoden bieten immer noch Anhaltspunkte. Eine Erinnerung an Gedichte jedoch ist nur möglich, wenn wenigstens Teile des Wortlauts im Gedächtnis geblieben sind. Dem kommt die Form lyrischer Texte entgegen, die auf Memorierbarkeit angelegt ist. Manches Gedicht, man könnte es nach einem Vorschlag Goethes »Lebenslied« nennen, wird zu einer dauerhaften Devise der eigenen Existenz. Am Eigenen hat das Fremde Anteil, das man mit anderen teilt. Wie an den Schwurformeln zu sehen war: sagen mehrere mit gleichen Worten, im gleichen Sinne »ich«, so verpflichtet dieser herausgehobene Akt das zufällige Ich einem normativen Wir. Durch eine solche Aneignung des lyrischen Ich wird die Gemeinschaft von Individuen stabilisiert, da diese sich im lyrischen Text als ein Ich erfahren, dessen Belange mit denen eines jeden anderen Ich wörtlich übereinstimmen. Dies gilt selbst für die romantische Lektüre eines einsamen Lesers: Er glaubt in dem Gedicht seine ganz persönliche Wahrheit zu finden, die doch viele andere darin vor ihm gefunden haben und nach ihm finden werden.

Das empirische Ich, das im Alltag sich seiner selbst nur selten bewusst wird, erfährt in dem Moment, da es in Gedichtform »ich« sagt, das Glück, ein selbstbewusstes und anerkanntes Ich zu sein. Ohne Vorgeschichte, ohne Vorbedingung und ohne größere Anstrengung bietet das Gedicht dem realen Ich ein imaginäres Ich zur Aneignung dar: allein durch Aufsagen des Textes. Im Spiegel der fremden Rolle, gegen deren lyrischen Monolog kein Einwand möglich ist, glaubt das Individuum zu fühlen, was es heißt, ein Ich zu sein. Die übertreibende Sprache und die thematische Konzentration eines Gedichts erzeugen die Illusion eines reinen, aller Kontingenz enthobenen Ich, das jetzt *nur* Liebender ist oder *nur* Idiot oder *nur* Hund – im wirklichen Leben ist jeder vielerlei gleichzeitig und nie etwas ganz. »Du bist Orplid, mein Land! / Das ferne leuchtet«: Wer diese Verse spricht, hat auf zauberische Weise erreicht, was er mit natürlichen Mitteln nie erreichen kann. Er redet im feierlichen Ton einer ihm unbekannten Göttin ein ihm unbekanntes Land an; er ist also, solange das Gedicht von ihm Besitz ergriffen hat, diese Göttin. Das imaginäre Selbstbewusstsein, das durch den Wechsel vom empirischen zum lyrischen Ich entsteht, hilft dem realen Selbstbewusstsein, sich gegen den Andrang der Wirklichkeit zu verteidigen. Herder gelangt in seinem Aufsatz über *Die Lyra* zu der Einsicht, dass die Rollen des lyrischen Ich einen wesentlichen Vorzug gegenüber dem wirklichen Dasein besitzen (dies gilt für jeden, der sich das Gedicht aneignet, nicht nur für den, der es ersonnen hat): »Warum verkleidet sich so oft und gern der lyrische Dichter? Ists nicht dazu, daß er uns zeige, er spreche nicht in seiner Person; einer höheren Macht zufolge habe er jetzt über höhere Dinge, in einem weiteren Gesichtskreise, aus einer tieferen Brust zu reden, als ihm vielleicht sein Stand, seine irdische Lage erlaubte.«

Über allen Gipfeln
Ist Ruh',
In allen Wipfeln
Spürest Du
Kaum einen Hauch;
Die Vögelein schweigen im Walde.
Warte nur! Balde
Ruhest du auch.

Hier spricht ein Ich – es ist aus dem Adressaten, dem »Du«, als dessen Gegenüber zu erschließen – sich selber an, als spräche ein Gott zu einem Sterblichen, ein Vater zu seinem Kind, ein Weiser zu einem naiven Menschen. Entsprechend teilt sich die eine Person, das nur scheinbar mit sich identische Ich, in zwei Personen auf: in ein wissendes, selbstsicheres, höheres Ich und in ein schlichteres »Du«, das weniger weiß, über sich und die Welt im Unklaren ist, dem empirischen Ich also nähersteht. Allein jenes höhere Ich besitzt derart umfassende Kenntnisse über die sinnvolle Ordnung der Welt und der Erfahrung – von den »Gipfeln« bis zu den »Vögelein«, d. h. von der Ferne bis in die Nähe, von Oben nach Unten, vom Großen zum Kleinen –, dass es dem »Du« seinen Platz in der Weltordnung zuweisen kann. In diesem Selbstgespräch wirkt das Ich, das die Verse spricht, beruhigend auf das Ich ein, das sie hört. Jeder, der die Verse nachspricht, versetzt sich durch den Akt des Sprechens in die Position des wissenden Ich und erwirbt dadurch eine Weisheit, die seiner realen Existenz bislang vorenthalten war.

Nur weil das Ich im Gedicht mächtiger ist als im täglichen Leben, darf es hoffen, als Geist mit Geistern in Verbindung zu treten, die noch mächtiger sind als es selber. Bei solcher Selbsterhöhung und Selbstermächtigung wird das Ich durch die Verssprache unterstützt, die es mit der Kraft magischer Formeln ausstattet und zur Einwirkung auf die Geisterwelt befähigt. Das Verhältnis des empirischen Subjekts zum lyrischen Ich wäre mit der religiösen Auffassung zu erläutern, von dem vergänglichen Leib lasse sich eine unsterbliche Seele abspalten. Beide Teile der Person bezeichnet das Pronomen ›ich‹; dennoch sind sie substantiell verschieden. Nur die unsterbliche Seele hat, wie das lyrische Ich, Zugang zur Sphäre seliger oder unseliger Geister. Darum opfern auch bei der Aneignung von Gedichten reale Personen leichten Herzens ihre konkrete, individuelle Existenz der Vorstellung auf, im lyrischen Augenblick als ein anderes Ich aufzuerstehen.

Nicht in allen Gedichten ist das Schema des Ich so großzügig gezeichnet, dass es jeder übernehmen kann. Seit frühester Zeit haben einige Dichter versucht, sich im Gedicht selbst als einmaliges, unvergleichliches Individuum zu nennen und von der Menge zu unterscheiden, dieser also die Identifikation mit dem lyrischen Ich zu verwehren und sie durch die Bewunderung des namentlich bekannten oder gar genannten Dichters zu ersetzen. Horaz, dessen Carmina bereitwillig die Namen seiner gebildeten Freunde anführen, möchten das »profanum vulgus« vom Genuss dieser Dichtung für Vornehme ausschließen. Die erste Person in Horaz' Gedichten meint ihn selbst; wer immer sie zitiert, soll wissen, dass er Gedanken und Prägungen übernommen hat, die Horaz' Eigentum sind. Folgenreich für die deutsche Lyrik und das deutsche Verständnis von Lyrik war das am horazischen Vorbild orientierte Beispiel, das Klopstocks Ode *Der Zürchersee* gab. Sie berichtet im Präteritum mit verlässlichen Orts- und Eigennamen von einer datierbaren Bootsfahrt:

Schon lag hinter uns weit Uto, an dessen Fuß
Zürch in ruhigem Tal freie Bewohner nährt […]
›Hallers Doris‹, die sang, selber des Liedes wert,
Hirzels Daphne, den Kleist innig wie Gleimen liebt;
Und wir Jünglinge sangen
Und empfanden wie Hagedorn.

Wer diese Verse liest und spricht, muss sich gestehen, dass er bei der besungenen Fahrt nicht dabei sein durfte, also nicht zum »wir« und »ich« des Gedichts gehört. Nur Klopstock hat dies erlebt, nur Klopstock konnte dies dichten. Ein solches Gedicht lässt beim Leser keine andere Art der Aneignung zu als die Verehrung des im Erleben wie im Dichten ihm doppelt überlegenen Autors.

Es war auch in der frühgriechischen Lyrik nicht selten, dass sie die Namen von Personen, darunter den des Dichters, anführte. Klagt ein Lied Sapphos über den Weggang einer geliebten Schülerin, so legt es dem Mädchen die Worte in den Mund: »Sappho! Nur widerwillig verlass' ich dich«. Diese Verse waren zunächst, anders als Gebete und Hymnen bei großen Festen, nur für einen kleinen Kreis bestimmt: für

Schülerinnen aus gutem Hause, die sich auf Lesbos um ihre Lehrerin Sappho scharten. Ihr Landsmann und Zeitgenosse Alkaios dichtete für vornehme junge Männer, die sich zu Symposien trafen. In der stilisierten Sprache des Lieds genießen die Mitglieder solcher Gruppen die Wendung ihrer privaten Verhältnisse ins Erhabene. Mit solcher Ausgrenzung eines exklusiven Kreises aus dem größeren sozialen Verband beginnt die Individualisierung der Lyrik; seitdem sind individuelle Dichternamen überliefert. Sobald diese Lieder, wegen ihrer Schönheit gerühmt, aus der engen Gemeinschaft zu einem größeren Publikum gelangen, lösen sie die neugierige Frage aus, wer denn »Sappho« sei, und wecken die Neigung, jedes »ich« im Gedicht mit dem Namen seines Dichters aufzufüllen. Deshalb werden, bis in die Gegenwart hinein, Gedichte als verrätselte Fragmente einer Autobiographie verstanden und missverstanden.

In der modernen Lyrik werden die Pronomina der 1. und 2. Person seltener – was die räumliche, zeitliche und emotionale Orientierung im Gedicht und damit seine imaginative Aneignung durch den Leser erschwert.

Die Steine feinden
Fenster grinst Verrat
Äste würgen
Berge Sträuche blättern raschlig
Gellen
Tod.

Lediglich die Überschrift von August Stramms *Patrouille* sorgt dafür, dass der Leser in den Mittelpunkt dieser befremdlichen Umgebung eine ungenannte Person zu stellen vermag: einen Soldaten, der auf dem Patrouillengang angsterfüllt verdächtige Dinge beobachtet. Es wird zur Aufgabe des Lesers, und in schwierigen Fällen sogar zur Aufgabe professioneller

Interpreten, das fehlende Ich aus verstreuten Indizien zu re-
konstruieren. Selbst Gedichte, die sich dem Ich-Schema entziehen, rufen den Wunsch hervor, es dennoch hinter den rät-
selhaften Worten zu suchen. Die lyrischen Experimente der
Moderne haben es nicht vermocht, das Bedürfnis nach einem
lyrischen Ich zum Verschwinden zu bringen, auch wenn sie
sich der Erfüllung dieses Bedürfnisses verweigern.

10

Übereinstimmung

Unter den erzählenden Gattungen gibt es neben umfangrei-
chen wie Epos, Roman, Autobiographie auch kurze: Ballade, Witz, Anekdote. Lyrik jedoch ist immer kurz. Ihre Darbietung dauert wenige Minuten, ihre Lektüre manchmal nur
Sekunden. Solange Gedichte getanzt und gesungen wurden, setzten Körperkraft und Gedächtnisleistung dem Umfang eine natürliche Grenze. Das Vorbild der im Zeitalter der
Mündlichkeit entstandenen Lieder ist mächtig genug, auch
die im Zeitalter der Schriftlichkeit entstandenen und nur zur
Lektüre bestimmten Texte auf einen knappen Umfang zu be-
schränken. Kürze wird, wenn sie keine sachliche Notwendigkeit mehr ist, zur literarischen Spielregel; Epigramm und
Haiku treiben sie bis zum Extrem.

Dem Gedicht sind seine Grenzen so eng gezogen, dass am
Beginn bereits sich das Ende abzeichnet. Der Umfang einer
Verszeile, einer Strophe, eines Lieds hält sich meistens an jene
Maße, die seit der Frühzeit der indoeuropäischen Dichtung
gelten. Sie bevorzugt den vierhebigen (oder achtsilbigen)
Vers; er lässt sich in einem Atemzug sprechen oder singen.
Der Einschnitt nach einer Strophe (von vier bis acht Zeilen)
verschafft dem Sprecher oder Sänger eine Atempause. Block-
artig hebt sich die lyrische Form von der schwach oder gar
nicht geformten Alltagsrede ab. Jegliche Unterbrechung des
Vortrags von Lyrik wäre eine Störung. Dies schließt nicht
aus, dass einzelne Verse, besonders die ersten oder letzten,
aus dem Gedicht gelöst werden und, die Kürze noch einmal

verkürzend, als Sentenzen umlaufen: »Üb' immer Treu und Redlichkeit«, »Wie es auch sei das Leben, es ist gut«, »Du mußt dein Leben ändern«. Gedichte benötigen, anders als erzählende und dramatische Werke, keinen Szenenwechsel. Meistens besteht am Ende des Gedichts noch dieselbe Situation wie zu Beginn; manchmal kehren sogar dieselben Worte wieder. Das Formgesetz der Lyrik, den Rhythmus, den Klang und die Bildvorstellung innerhalb eines Gedichts nur gering zu variieren, dient dazu, den lyrischen Moment zu stabilisieren. Er ist in sich ausgedehnt und nicht der Chronologie unterworfen.

Da Gedichte wie Lieder rhythmisch organisiert sind, also jede fehlende oder überzählige Silbe als Verstoß gegen die Regel auffällt, erzeugen sie den Eindruck, dass die gegebene Wort- und Klangfolge der Verse zwingend und korrekt sei. Zwar lehrt das Studium von Gedichthandschriften, dass die Verfasser oft mehrere Varianten des Wortlauts erwogen haben; Hörer und Leser jedoch nehmen an, es sei keine Alternative zum rezitierten oder gedruckten Text denkbar gewesen. Zu dem Wort, das den Ansprüchen des Formschemas genügt und nun durch dieses Schema geschützt ist, gibt es keine Synonyme. Besteht auch in Wahrheit kein Zusammenhang zwischen der Bedeutung eines Worts und seinem Klang, so wirkt doch im Gedicht diese Verbindung überzeugend. Rilkes *Abend in Skåne* stellt »Ebene und Abend« nebeneinander; diese Wörter klingen ähnlich und lassen daher eine Verwandtschaft vermuten, obwohl sie weder sachlich noch etymologisch etwas miteinander zu tun haben. Dies gilt ebenso für »die hellen Flüsse und die Flügelmühlen« im selben Gedicht; hätte Rilke das übliche Wort ›Windmühlen‹ eingesetzt, so wäre die Alliteration »Flü« nicht zustande gekommen und damit auch nicht die Suggestion eines Gleichklangs, der ein geheimes Einverständnis der Dinge verrät. Metrische Wiederholung und phonetische Ähnlichkeit haben das einzig passende Wort genau an die passende Stelle genötigt. Eine Diskussion über sprachliche Alternativen findet nicht unter den Hörern und kaum je unter den Lesern von Gedichten statt. Sollte sich der Text im Laufe der Zeit durch den Gebrauch ändern, so beachten die Benutzer diese Abweichung nicht, weil sie dann die neue Fassung für die richtige halten.

Unverrückbar muss die in lyrische Form gebrachte Wortfolge auch deshalb sein, weil sie auf die Verabredung und Anstrengung aller Mitwirkenden zurückgeht. Diese müssen dafür sorgen, dass sich eine überzeugende – wenngleich irrationale – Kongruenz der rhythmischen, musikalischen, sprachlichen, gedanklichen Schichten im Werk ergibt. Ein Chorreigen griechischer Mädchen oder Jünglinge erfordert – vergleichbar einem heutigen Konzert – umständliche Vorbereitung, gewissenhaftes Einstudieren und präzise Ausführung, damit sämtliche Komponenten des Lieds sich zu einer perfekten Synchronie fügen. Bereits der Zeitpunkt des chorischen Auftritts ist lange vorher festgelegt; der Einsatz zum richtigen Moment darf sich nicht verzögern. Die Zahl der Teilnehmer, die zeitliche Abfolge ihrer Aufführung, die Ordnung der Tanzschritte und Gebärden, der Beginn des Gesangs, der Einsatz der Musikinstrumente, die Länge der Pausen, der Wechsel zwischen Solisten und Chor, die zu- und abnehmende Lautstärke der Stimmen, die Vortragsweise des Textes – diese komplizierte Anlage aus unterschiedlichen Teilen muss zum exakten Zeitpunkt präsentiert werden, damit der Eindruck einer reichen, aber geschlossenen, einer fremdartigen, aber in sich stimmigen Gestalt entsteht. Eine solche Synchronie der lyrischen Elemente ist nur gewährleistet, wenn formale Regeln strikt eingehalten werden. Das Gedicht ist also nicht in einem einheitlichen Ursprung, dem Gemüt seines Dichters, fundiert. Eine solche Einheit unterstellten die späteren Theorien der lyrischen »Empfindung«, des »Ausdrucks«, der »Subjektivität«. Die Einheit des Gedichts geht vielmehr aus der kunstvollen Zusammenfügung heterogener und divergenter Elemente hervor.

Seit der Antike erregen Virtuosen Aufsehen, indem sie als Einzelpersonen das synchrone Zusammenwirken der sonst ans Kollektiv verteilten Rollen übernehmen. Bereits Quintilian bewunderte das Ein-Mann-Kollektiv des Kitharöden: Dieser müsse gleichzeitig den Text im Kopf haben, auf seine Stimme und den Ton des Instruments achten, mit der einen Hand greifen, mit der anderen zupfen, dazu mit dem Fuß den Takt schlagen. Noch heute demonstriert der Sänger, der sich auf der Gitarre begleitet, solche Simultaneität an einem einzigen Körper. Eine anspruchsvolle und dennoch von Laien aufzuführende Komposition aus Wörtern und Bewegungen darf nicht länger als eine kurze Zeitspanne dauern. Nur wenn die Textmenge überschaubar ist, besteht Aussicht, dass die Synchronisierung mit den anderen Bestandteilen der lyrischen Repräsentation gelingt. Glückt die simultane Tätigkeit, so versetzt sie die Teilnehmer, sofern sie nicht durch Professionalität abgehärtet sind, in eine Art von Ekstase: Die verschiedenen Aktionen stimmen zueinander, die Zuhörer stimmen mit den Akteuren überein, die Götter stimmen den Menschen zu. Der Gott als höchste Instanz vermag das von den Menschen vorbereitete Unternehmen, Verschiedenes zu vereinigen (discordia concors), durch seine Teilnahme zu vollenden; nicht zuletzt deshalb ruft das Gedicht ihn an. Ausrufe wie »sieh!«, »da«, »jetzt«, »schon« wollen bezeugen, in diesem zeitenthobenen Moment, im Präsens der Präsenz, ereigne sich etwas Außerordentliches. Kallimachos' Hymne auf Apollon – nicht mehr für einen kultischen Zweck gedichtet, sondern zur Demonstration der eigenen poetischen Bravour – inszeniert einen solchen göttlich erfüllten Augenblick:

Siehest du nicht? Süß neigte sich nieder die delische
                                                    Palme,
Unversehens. Der Schwan indes singt schön in den
                                                    Lüften.
Selber schiebet euch nun zurück, ihr Riegel der Tore,
Öffnet euch selber, ihr Schlösser! Schon weilt der Gott
                                                in der Nähe.
Und ihr Knaben, bereitet euch zu Gesängen und Tänzen.

Alles geschieht gleichzeitig: Die Natur gibt Zeichen, der
Tempel öffnet sich, die Anwesenheit des Gottes wird spürbar, Gesang und Tanz beginnen. Die Hymne selbst, die diese
Vorgänge vergegenwärtigt, wird eben zu diesem gotterfüll-
ten Zeitpunkt gesprochen, und mit ihrem Vortrag schließt
die Synchronie der lyrischen Handlungen. – Wer sich um die
Übereinstimmung aller Komponenten des lyrischen Werks
bemüht, darf hoffen, dass die höheren, den Weltlauf lenken-
den Mächte das erwünschte, fast schon eingetretene Geschehen gutheißen und sich dem feierlichen Ereignis zugesellen.
So greift die poetische Synchronie in die natürlichen Abläu-
fe ein. Singt jemand von der Liebe im Mai, so hat der Mai
die Pflicht, mit schönem Wetter, Vogelgesang und Blüten
die Werbung um die Geliebte zu unterstützen; Frost, Regen,
Sturm wären ein Affront gegen den Liebenden, dessen mit
magischen Kräften ausgestattete Worte die mit größeren magischen Kräften ausgestattete Natur dazu einladen, seinem
Vorhaben beizustehen.

In der planvollen, konzentrierten Zusammenarbeit der
Mitwirkenden am komplizierten Gesamtgebilde des Gesangs
liegt der praktische Grund für den Eindruck, dass jedes Wort
im Gedichttext notwendig und unverrückbar sei. Dieser Eindruck hält selbst dann an, wenn statt der zahlreichen Mitwirkenden nur noch der namentlich bekannte Verfasser als ein-
ziger Urheber des Textes gilt, der vor einem anonymen Leser

liegt. Solange ein Gedicht den Regeln der überlieferten Gattung folgte, überlieferte es, wie an Kallimachos' Hymne zu sehen, der Gegenwart Strukturen einer älteren Darbietungsweise. Aus der obligatorischen Synchronie eines Kollektivs wird dann das individuelle Spiel mit poetischen Korrespondenzen. Auch der neuere Dichter, der nicht mehr auf Götter und Mädchenchöre Rücksicht nehmen muss, sondern nur dem Papier konfrontiert ist, kommt nicht umhin, Thema, Vokabular, Metrum, Klang seines Gedichts aufeinander abzustimmen. Er vereinigt in seiner Person mehrere Personen: Er übernimmt bei der Niederschrift des Textes imaginär die Funktionen des Festordners, des Chorführers, der Tänzer, Musiker, Sänger, des Rezitators und – indem er das Ergebnis seiner Anstrengung sich selbst vorspricht – sogar die des Publikums. Deshalb gilt die Forderung nach Synchronie, die im Zeitalter der festlichen Aufführung von Lyrik unumgänglich war, noch im Zeitalter der für das Buch konzipierten Gedichte.

Die Übereinstimmung der lyrischen Elemente war ursprünglich nicht auf die immanente Stimmigkeit des Einzelwerks begrenzt; vielmehr ordnete sich dieses der räumlichen und zeitlichen Situation unter. Deutlich ist dieser Zusammenhang bei Festliedern und Festgedichten, deren Anlass, Charakter, Ort und Zeitpunkt von vornherein bestimmt war. Doch selbst die neuere, nicht auf eine Festveranstaltung ausgerichtete Lyrik kann sich mit einer einmaligen Situation und Handlung verbinden. Goethe erzählt in *Dichtung und Wahrheit* vom nächtlichen Schlittschuhlaufen in jungen Jahren: »Bald dieser bald jener Freund ließ in deklamatorischem Halbgesange eine Klopstockische Ode ertönen, und wenn wir uns im Dämmerlichte zusammenfanden, erscholl das ungeheuchelte Lob des Stifters unserer Freuden: ›Und sollte der unsterblich nicht sein, / Der Gesundheit uns und Freuden erfand […]‹. Solchen Dank verdient sich ein Mann, der irgend ein irdisches Tun durch geistige Anregung zu veredeln und würdig zu verbreiten weiß!« Die Freunde rezitieren Klopstocks Ode auf den *Eislauf* beim Eislauf; sie finden darin die Worte, die das schlichte Vergnügen billigen und sogar zu einer feierlichen Handlung erhöhen. Hier bilden, wie beim Ritual, Umgebung, Tätigkeit und Wort eine Einheit. Als »geistige Anregung« zu »irdischem Tun« begleitet noch lange das Zitat von Versen das bürgerliche Leben, etwa beim Anblick des aufgehenden Mondes, bei kleinen Verliebtheiten oder großer Liebe. Erst wenn die Lektüre an jedem zufälligen Ort zu jeder beliebigen Zeit möglich und üblich wird, nimmt der Leser am Gedicht nichts als die innere Übereinstimmung, die ästhetische Geschlossenheit seiner Textelemente, wahr.

An den Mädchenchören auf Delos rühmt die ›homerische‹ (Jahrhunderte vor Kallimachos gedichtete) Hymne an Apollon, dass jeder Zuhörer sich einbilde, »er stimme / Selber mit ein, so herrlich fügt der Gesang sich zusammen«. Physiologen können solche Verzauberung bestätigen: Singen und metrisch organisiertes Sprechen bewirken beim Zuhörer muskuläre Spannungen, die den Muskelbewegungen der Sänger und Sprecher ähneln. Deshalb erregen rhythmische Darbietungen den kollektiven Wunsch mitzumachen. Stampfen, Klopfen, Klatschen sind spontane oder, wie beim Mitsingen des Refrains, geplante Reaktionen des Publikums auf den körperlich erfahrbaren Zwang zur Nachahmung. Gedämpft und ins Innere verlagert wirken selbst bei der stillen Lektüre eines Gedichts jene sensorischen Reize nach. Sie führen eine Übereinstimmung zwischen den aktiven und den – eben nie ganz – passiven Teilnehmern am poetisch-musikalischen Ereignis herbei und erzeugen unter ihnen ein Gemeinschaftsgefühl. Zwar ist, anders als Karl Büchers Studie über *Arbeit und Rhythmus* behauptete, der Rhythmus nicht aus der Organisation kollektiver Arbeit entstanden (er findet sich schon bei Ethnien, die noch keine kollektiven Arbeitsprozesse kennen), er lässt sich aber für diesen Zweck verwenden, weil er eine physische und psychische Übereinstimmung zwischen Individuen begünstigt.

Martin Opitz erklärte »vermahnung zue der fröligkeit« zum Zweck der »Lyrica«; sie erforderten daher »ein freyes lustiges gemüte« vom Dichter und regten dieses auch bei seinen Zuhörern an. Bereits Hesiod gestand dem von Apollo und den Musen inspirierten Sänger das Vermögen zu, den Bekümmerten aufzuheitern:

Rasch vergisst er dann seine Bedrückung
Und nicht mehr gedenkt er seines Kummers,
Rasch wandten ihn davon ab der Göttinnen Gaben.

Da im Vers Rhythmus, Klang und Sinn der Worte harmonieren, das Verschiedene sich hier verträgt und gegenseitig steigert, wird beim Hören und, freilich schwächer, beim Lesen des Gedichts die Macht des gelungenen, Glück bringenden Augenblicks erlebbar. Unabhängig vom Inhalt entsteht ein Gefühl des Behagens, wenn der Gedanke sich in einer Form ausspricht, die eigens für ihn geschaffen ist. Das aus Gedichten gewonnene Glück aber ist nicht dauerhaft; obgleich stimmungshaft und kurzlebig, geht es dennoch nicht für immer verloren, da es sich zu gegebener Zeit aus dem Archiv des Gedächtnisses wieder hervorholen lässt. Über alles Unglück des Lebens triumphiert die »vermahnung zue der fröligkeit«, die rücksichtslose Euphorie von Rhythmus und Klang:

Most friendship is feigning, most loving mere folly:
Then, heigh ho! the holly!
This life is most jolly.

Mag auch die Freundschaft geheuchelt, die Liebe närrisch sein, doch »sing heigh ho!«, und das Leben wird so lustig, wie es Shakespeares Verse sind, die »holly« und »jolly« auf »folly« reimen.

Platon war besorgt, als zu seiner Zeit die Musik sich ihrer hergebrachten Aufgabe, den Vortrag von Liedern zu begleiten, zu entziehen begann. Er befürchtete, Musik ohne Worte könne bei den Zuhörern unkontrollierbare Leidenschaften erregen. Konservative Kritiker wie Platon sahen durch diese aus Asien eingedrungene Mode die lyrische Tradition Griechenlands und mit ihr die gesellschaftliche Ordnung bedroht, denn im chorischen Zusammenwirken spiegelte sich das auf Gemeinsamkeit und gegenseitiger Absprache beruhende Leben der Polis. Verführerisch wirkte die neuartige Verselbständigung zunächst der Musik, dann des Gesangs, des Tanzes und damit des von aller Begleitung entblößten Gedichttextes auf das Publikum, weil nun jeder dieser autonom gewordenen Bestandteile eines Ganzen von professionellen Spezialisten ins Virtuose gesteigert wurde. Sogar aus der zuschauenden und zuhörenden Öffentlichkeit, deren Teilnahme erst die Synchronie des kultischen Ereignisses abschloss, gingen im Prozess der Dissoziation eigene Spezialisten hervor: Kenner und Gelehrte, die ein vergleichendes Urteil über die gezeigten Leistungen fällen konnten, in Traktaten Anforderung, Unterschied und Qualität einzelner poetischer Gattungen diskutierten und schließlich, seit dem 4. und 3. Jahrhundert v. Chr., die Texte längst vergangener Aufführungen in privaten Archiven und öffentlichen Bibliotheken sammelten.

Die neuzeitliche Lyrik muss sich zwischen zwei Möglichkeiten entscheiden: entweder den Zusammenhang von Text und Musik zu komplizieren – in Kanon, Motette, Arie und Kunstlied – oder ihn gänzlich aufzugeben. In diesem Fall ist das lyrische Werk nicht mehr auf einen bestimmten Zeitpunkt seiner Darbietung angewiesen. Ohne Auftrag, aus eigenem Antrieb schreibt der Dichter ein Gedicht, das geraume Zeit später ein Verleger druckt und das danach vielleicht über Jahre oder Jahrhunderte verstreute Leser findet. Nichts als die Textgestalt des Gedichts kann bei einer derart weitgespannten und nicht vorhersehbaren Sukzession seiner potentiellen Realisierungen bewahrt werden. Da sich die anderen musischen Elemente, mit denen der lyrische Text ursprünglich verbunden war, kaum konservieren ließen, verzichteten die auf ihren Nachruhm bedachten Dichter von vornherein darauf, sich mit Tänzern, Sängern, Musikern und einer Festgemeinde zu arrangieren.

Wer einsam ein Gedicht liest, bemerkt darin noch immer Anhaltspunkte der einstigen Übereinstimmung mit nicht-textuellen Komponenten und empfindet ihre rhythmisch-phonetischen Reste vage als innere Harmonie schöner Worte. Erst in der modernen Lyrik, die ohne Metrum und Reim auskommt, erhält das Gedicht eine Gestalt, die nur noch mit dem individuellen Willen und Sprachgestus des Dichters übereinstimmt. Dennoch geht die Erinnerung an die ältere Praxis nie ganz verloren; sie lebt in Rezitation, Chorgesang, Liederabend, Popkonzert immer wieder auf. Im 18. und 19. Jahrhundert erinnerten Illustrationen zur Lyrik an das, was in ihrer neuzeitlichen Zirkulation geschwunden war. Eugen Neureuther illustrierte 1829 Goethes *Mailied*: Ein Jüngling mit den Zügen Goethes singt und tanzt dieses Gedicht seiner Geliebten unter Bäumen vor; er hat eine Schalmei umgebunden, Text und Noten des Lieds hängen in den Zweigen. Auf dem Bild ist alles gleichzeitig am selben Ort präsent: Dichter, Gedicht, Gesang, Musik, Adressatin, Natur. In Wahrheit war alles anders: Goethe schrieb die Verse an seinem Pult, die Geliebte war nicht dabei, den Druck übernahm eine Zeitschrift, die spätere Vertonung ein Komponist, die Lektüre blieb unbekannten Lesern überlassen. Neureuthers Blatt deutet die moderne Aufteilung in sukzessive Realisierungen anachronistisch in eine synchrone Darbietung um. Mancher Leser wird seine Lektüre des *Mailieds* mit der Imagination einer Szene ergänzen, die der von Neureuther entworfenen ähnelt. Biographische Kommentare zu lyrischen Werken nähren bis heute die Vorstellung, der aus einem inneren »Erlebnis« entstandene Text habe zum Zeitpunkt seiner Entstehung mit dem Leben übereingestimmt. »Erlebnis« ist ein romantischer Ersatz für Synchronie.

11

Zauber

Einen Vers aus Hesses *Stufen*, nach einer Umfrage des West-deutschen Rundfunks das beliebteste deutsche Gedicht, hört man bei vielen Gelegenheiten zitiert: »Und jedem An-fang wohnt ein Zauber inne.« Hesse gebraucht hier das Wort »Zauber« ähnlich vage wie die heutige Umgangsspra-che, wählt damit jedoch das Losungswort der von ihm ge-schätzten romantischen Lyrik. Novalis' »Zauber der Erinne-rungen«, Tiecks »Zaubernacht«, Lenaus »Zauberdunkel«, Mörikes »Zauberfaden« erinnern an die alte, doch fast aus dem Gedächtnis geschwundene Verwandtschaft von Gedicht und Zauberspruch. Freilich besitzt das romantische Gedicht, auch wenn es vom Zauber redet, keine Zaubermacht über Dinge, sondern allenfalls über den Leser, den es in eine ly-rische Stimmung versetzt. Eichendorffs Gedicht *Wünschel-rute*, obgleich kurz wie ein Zauberspruch, will die Quelle der Poesie aufspüren, doch keine verborgene Wasserader (wie es der praktische Zweck des Wünschelrutenzaubers ist):

> Schläft ein Lied in allen Dingen,
> Die da träumen fort und fort,
> Und die Welt hebt an zu singen,
> Triffst du nur das Zauberwort.

Zaubersprüche aus jener Zeit, die noch an die Wirksamkeit magischer Worte glaubte, mussten nicht ausdrücklich von »Zauber« sprechen. Im romantischen Gedicht hingegen ist der Zauber nicht eine spezifische Handlung, sondern ein allgemeines Thema: Erinnerung an ein Vermögen, das die Poesie einst, an ihrem weit zurückliegenden Anfang besessen hatte, und Trauer über den Verlust dieses Vermögens. Weil Märchen von erfolgreichen Zauberhandlungen erzählen, siedelt die romantische Phantasie den Zauber, der in der modernen, aufgeklärten Welt wirkungslos wäre, in der »wunderbaren Märchenwelt« an. Wie Tieck lokalisiert Heine das »Zauberland« im Märchenland:

> Aus alten Märchen winkt es
> Hervor mit weißer Hand,
> Da singt es und da klingt es
> Von einem Zauberland.

Vom Zauberspruch wurde der Spruch bewahrt, der Zauber ließ sich nicht bewahren. Es gilt, das »Zauberwort« zu treffen, damit die Welt im Lied »klingt«; im Übrigen ändert sich nichts an ihr.

Keiner der neueren Dichter glaubte im Ernst, dass er zaubern könne (obwohl am Ende des 19. Jahrhunderts manche Dichter, verleitet durch den Rückblick auf die Frühgeschichte ihrer Profession, eine Neigung zu okkulten Spekulationen und Experimenten verspürten). Wenn sie dennoch vom Zauber der Poesie sprachen, so bezeichneten sie damit ein innerliterarisches Phänomen, die ›bezaubernde‹ Wirkung von Versen auf Zuhörer und Leser. Zugleich war damit eine außerliterarische Polemik eröffnet: die Kritik an der entzauberten modernen Welt der Arbeit, des Geschäfts, des Geldes, der Bürokratie, der Zahl und des Zählens, der starren Objekte und der erstarrten Subjekte, also an dem, was nicht lyrisch ist und nicht dem Wort des Dichters gehorcht. Man könnte in den romantischen Versen, die den Zauber einer »heimlichen Welt« herbeiwünschen, immer noch die Absicht einer magischen Wirkung erkennen: die Phantasie der Leser allein durch das Wort so zu lenken, dass sie aus der »geschäft'gen Welt« in das träumerische Dasein hinübergleiten, von dem sie lesen.

Um 1800 konnten Gebildete unverbindlich vom ›Zauber der Poesie‹ sprechen, weil Zaubern im ursprünglichen Sinn nur noch am Rand der Gesellschaft praktiziert wurde. Gebet und Segen, wie sie schon vorchristliche Religionen kannten, hatte die christliche Kirche übernommen, Fluch und Zauberspruch den Gläubigen jedoch untersagt. Theologische Bedenken, philosophische Postulate und naturwissenschaftliche Erkenntnisse entzogen dem Zaubern die theoretische Grundlage. Doch hielt sich das Wissen, dass der lyrische Vers vom Zaubervers abstammt, selbst in der Epoche der Aufklärung, wenngleich besorgte Stimmen gegen diese anstößige Verwandtschaft protestierten. Hundert Jahre vor der romantischen Wiederanknüpfung wollte der Epigrammatiker Christian Wernicke sie in Zweifel ziehen: »Glaubt man in der Tat, daß die Poesie mit der Zauberkunst eine gleiche Grundfeste hat?« Von der veralteten Zauberei durfte noch die Ballade erzählen:

Und so zog ich Kreis' um Kreise,
Stellte wunderbare Flammen,
Kraut und Knochenwerk zusammen:
Die Beschwörung war vollbracht.

Die romantischen Dichter, die im Zeitalter der Aufklärung den machtlos gewordenen Zauber zitierten, hielten sich allein an den poetischen Aspekt der gescheiterten Magie. Nur noch der imperativische Ton der Sprechhandlung und der geheimnisvolle Klang der Verse erinnerten an das einstige magische (Un-)Vermögen, in den Weltlauf einzugreifen.

Die »gleiche Grundfeste« von Poesie und Zauberkunst

wird in der Wortgeschichte einiger lyrischer Begriffe fassbar. »Carmina«, wie nicht nur die Gedichte Horaz' genannt wurden, heißen im Lateinischen Oden, zugleich aber auch Kultgesänge, Weissagungen, Zauberformeln. ›Carmen‹ ist wie ›cantio‹ (woraus die italienische Canzone hervorgeht) von den Verben ›canere‹ und ›cantare‹ abgeleitet, worin sich die Bedeutungen ›Dichten‹, ›Singen‹ und ›Hersagen von Zaubersprüchen‹ nicht trennen lassen. Auch das germanische »lioth«, die Vorstufe des deutschen »Lied«, bezeichnete ursprünglich einen Zaubergesang. Aus den ältesten erhaltenen Aufzeichnungen orientalischer Hochkulturen wie aus ethnologischen Beobachtungen lässt sich folgern, dass die lyrische Sprachform ursprünglich ein Zaubermittel war. Zahlreiche Gedichte des altindischen *Rig-Veda* münden in einen Zauberspruch. Der Erzählung, wie vor Zeiten die Hündin des Gottes Indra seine von Dämonen versteckten Kühe aufspürte, folgen Zauberverse, die sich jedesmal, wenn Kühe entlaufen sind, anwenden lassen: »In die Ferne geht weg von hier, Pani [so heißen die Dämonen], immer weiter! Mögen die Kühe herauskommen, tauschend mit der Wahrheit, sie die einst, als sie versteckt waren, der Herr des Gebets fand, jetzt der Presstrank, die Presssteine und die Dichter, die Begeisterten!« Die »Wahrheit« der Zaubersprache, die einzig der durch einen göttlichen Trank inspirierte Dichter kennt, gewährleistet den Erfolg bei der Suche nach den Kühen. Nicht anders mündet die mythische Erzählung der Merseburger Zaubersprüche in die wirkungsvolle Formel («insprinc haptbandun [...]«, »ben zi bena [...]«), die der Befreiung eines Gefangenen oder der Heilung eines verletzten Pferdes dient.

In einigen Kulturen verwendet die Magie spezielle Geistersprachen, etwa Bhasahantu (wörtlich: die Sprache der Geister) in Malaya, Angekok bei den Eskimos; in anderen Kulturen benützen Zauberformeln eine fremde oder veraltete Sprache. Noch im heute komisch klingenden »Hokus pokus fidibus« ist die Anlehnung an den Verwandlungszauber der lateinischen Messe zu erkennen: »Hoc est corpus meum« hören die staunenden »fideles«, die Gläubigen, den Priester sagen. In Kinderversen wie »Abrakadabra« oder »Lirum, Larum, Löffelstiel« – beide sind reich an Lautwiederholungen – verbindet sich Zauberkraft mit Spiel und Nonsens. Doch ebenso überschreiten ernst gemeinte Zaubersprüche durch sinnlose Wörter und paradoxe Vorstellungen die Alltagskommunikation, um einen geheimen Zugang zur Geisterwelt zu eröffnen. Nur das Ungewohnte, Unnatürliche, Widersprüchliche hilft beim Zaubern, das ja eine Ausnahme vom üblichen Lauf der Welt erreichen will. Bereits in griechisch-ägyptischen Zauberpapyri finden sich mysteriöse Formeln, die eine Transsubstantiation alltäglicher Dinge in eine göttliche Erscheinung bewirken sollen: »Du bist Wein, du bist nicht Wein, sondern das Haupt Athenes; du bist Wein, du bist nicht Wein, sondern die Eingeweide von Osiris.« Im Zentrum des katholischen Gottesdienstes, bei der Wandlung, steht ein ähnlicher Zauberspruch, der Brot und Wein in Fleisch und Blut verwandelt: Hoc est corpus meum. – Die lyrische Sprache hat eine gloriose und zugleich dubiose Vergangenheit.

Althochdeutsche Zaubersprüche begleitet, falls sie aufgezeichnet wurden, häufig die Aufforderung »dic!« Wirksam konnten sie erst werden, wenn man sie laut sprach. (Geister scheinen alles zu hören, aber nichts zu lesen.) Damit der Zauber glückt, müssen die begleitenden Gebärden auf Bedeutung und Intonation der Worte abgestimmt sein. Wie Wort und Geste zusammenwirken, gibt ein Zauberspruch aus dem 9. Jahrhundert zu erkennen, der ein Nutztier von Würmern befreien soll:

Gang uz, Nesso,   mit niun nessinchilinon,
uz fonna marge in deo adra,   vonna den adrun in daz
fleisk,
fonna demu fleiske in daz fel,   fonna demu velle in diz
tulli.
(Geh hinaus, Wurm Nesso, mit neun Wurmkindern, /
hinaus vom Mark in die Ader, von den Adern in das
Fleisch, / von dem Fleisch in das Fell, von dem Fell in
diese Pfeilspitze!)

Offensichtlich hält der Zauberkundige während des Spruchs
einen Pfeil an das Fell des Tiers, um die Würmer – genauer:
die Wurmgeister – aufzufangen und sie an einen entlegenen
Ort zu schießen, am besten in den Wald, wo ohnehin Geister genug ihr Unwesen treiben. Die magische Formel wird
in zwei Richtungen tätig: Sie zaubert das Gute her oder, wie
am Umgang mit Nesso zu sehen, das Böse weg. Auch Gedichte verfügen über die Kraft der Negation; sie können verfluchen, vertreiben, verbannen, schmähen. Wenngleich das
Hauptgeschäft der Lyrik im Rühmen und Feiern besteht, so
ist dennoch das Wort »nicht« aus ihrem Vokabular nicht ausgeschlossen. In der seit Archilochos und Horaz klassischen
Tradition des Schmähgedichts, des ›carmen maledicum‹, erfindet der Jesuit Jacob Balde Zauberformeln, die sich zu *Ver-
wünschungen des Katarrhs* eignen könnten:

Woher du stammest, sinke, versink’, o Pest
Des Menschenvolkes! Fahre zur Höll’ hinab,
Du Lungenzehrer, Lungenbohrer,
Erebus’ Schaum und des Hauptes Henker
(Herders Übersetzung aus dem Neulateinischen).

Eine triviale Erkältung wird mit den stärksten, doch im horazischen Odenmaß gehaltenen Flüchen belegt. Wenn Bal-

de im 17. Jahrhundert solche Verse schreibt, glaubt er nicht mehr an ihre heilende, sondern lediglich an ihre erheiternde Wirkung. Die Sprache der Lyrik überdauert den Untergang ihrer Denkweise.

Die strenge Form, ein Charakteristikum der Lyrik, ist für einen praktischen Zweck geschaffen worden. Was man gern als ›Sprachmagie‹ in Gedichten rühmt, lässt sich auf die Gesetze magischen Denkens zurückführen, wie sie Marcel Mauss formuliert hat: »Es sind dies die Gesetze der Kontiguität, der Ähnlichkeit und des Kontrastes: Die Dinge, die einander berühren, sind oder bleiben eine Einheit; Ähnliches bringt Ähnliches hervor; Gegensätze wirken aufeinander.« Die lyrische Komposition folgt diesen Gesetzen, bildet sie allerdings im Lauf der Jahrhunderte zu literarischen Konventionen um. Nicht anders als ein Zauberspruch verlangt Mörikes Gedicht *An eine Äolsharfe* vom Wind ein »geheimnisvolles Saitenspiel«: »Fang' an, / Fange wieder an / Deine melodische Klage!« Auf diesen beschwörenden Anruf hin bringen die »Winde, fern herüber,« das Naturinstrument zum Klingen. Von Geistern besessen und daher untereinander verständigt sind alle drei: der Sprecher der Verse in der Rolle des Zauberers; der Wind, der sich ihm willfährig zeigt; die Windharfe, die, als wäre sie eine menschliche Stimme, Töne »wohllautender Wehmut« von sich gibt. Der Wohllaut vereint den Geisterchor aus Ich, Wind und Windharfe (später gesellt sich noch der Rosenduft hinzu), damit das Gewünschte eintrete: Der Wind erzeugt eine »melodische Klage«, die mit der Stimmung eines trostbedürftigen Herzens übereinstimmt. Der Zauber der Gedichte, die nicht mehr Zaubersprüche sind, besteht darin, dass der Zustand der Außenwelt sich dem der Innenwelt anzuschmiegen scheint.

Auf den Glauben an solche Übereinstimmung bauen fast alle Gedichte. Mit menschlichen Angelegenheiten befreunden sich die Dinge leicht, wenn sie, wie der Dichter unterstellt, selbst auf menschliche Weise fühlen: »Wind ist der Welle / Lieblicher Buhler«, singen die *Geister über den Wassern*. Metaphorik ist, da sie das Menschliche und das Nicht-Menschliche als gleichartig ansieht, eine zur Rhetorik verharmloste, doch als Poesie genutzte Zauberei. Shelleys *Ode to the West Wind* vergleicht die vom Herbstwind aufgewirbelten Blätter mit »ghosts from an enchanter fleeing« (Geister, die vor einem Zauberer fliehen). Der Dichter spricht seiner Anrufung des Westwinds die Kraft einer Zauberformel zu, »the incantation of this verse«. Wer, von Versen unterstützt, sein Leiden durch eine Projektion in die Landschaft loszuwerden versucht, vollzieht eine magische Handlung. Lyrische Liebesklagen bevorzugen seit der frühen Neuzeit Bäume und Wälder als Adressaten, die der bedrängten Seele ihr Unglück abnehmen sollen:

Udite, selve, mie dolce parole,
poi che la bella ninfa mia udir non vole
(Hört, ihr Wälder, meine süßen Worte,
Da meine schöne Nymphe sie nicht hören will!)

– so erwartet in Angelo Polizianos Canzone ein Hirt, dass das Zaubermittel, Leid auf Naturdinge zu übertragen, ihm Erleichterung verschaffen werde. Dieses Rezept befolgt auch Heine:

Es treibt mich ein dunkles Sehnen
Hinauf zur Waldeshöh'
Dort löst sich auf in Tränen
Mein übergroßes Weh.

Naturlyrik kommt nicht ohne Zauber aus. Auf den ersten Blick könnte man Mörikes *Septembermorgen* als meteorologische Beschreibung eines Septembermorgens und des von ihm ausgelösten Gemütszustands verstehen:

Im Nebel ruhet noch die Welt,
Noch träumen Wald und Wiesen:
Bald siehst du, wenn der Schleier fällt,
Den blauen Himmel unverstellt,
Herbstkräftig die gedämpfte Welt
In warmem Golde fließen.

Die Erfahrung lehrt, dass Herbstnebel sich nicht immer auflösen. Doch in diesem Gedicht ist bereits am Morgen gewiss, dass der erfreuliche Übergang vom »Nebel« zum »blauen Himmel« eintreten wird. Die Verse sind, wie an dem zweimaligen »noch« abzulesen, im Nebel gesprochen; doch sie versprechen, dass er sich, und zwar »bald«, auflösen werde. Der Sprecher kann den Umschwung voraussehen und daher das Resultat vorwegnehmen. Der wohlgefügte Spruch, in dem sich »Welt« auf »fällt« und »unverstellt« reimt, zaubert jene glückliche Zukunft herbei. Wie ein Zauberer vermag der Dichter durch das Sprechen in gebundener Form die Natur zu besprechen. Der Versuch, auf die Natur einzuwirken, ist aussichtsreich, da sie aus fühlenden Wesen besteht: Wald und Wiesen »träumen«, der Nebel trägt einen »Schleier«. Wer diesen Spruch auswendig gelernt hat und an einem nebligen Septembermorgen hersagt, darf hoffen, durch die magische Wirkung poetischer Worte das Wetter nach seinem Wunsch zu beeinflussen. Zwischen Subjekt und Natur vermittelt das Zauberwort; es bewegt die umgebende Welt zur Aufheiterung und dadurch auch das eigene Gemüt. Das beruhigende Klischee einer Einheit von Ich und Natur, auf das sich viele Gedichtinterpretationen stützen, setzt ein beunruhigendes Weltbild voraus; denn nur wenn die Natur von Dämonen bevölkert ist, die auf poetische Sprache reagieren, kann es zu einer derartigen Entsprechung zwischen menschlichem Subjekt und physikalischen Objekten kommen.

Sigmund Freud leitet das magische Denken aus dem archaischen Narzissmus her, der noch nicht zwischen Traum und Wahrnehmung zu unterscheiden gelernt hat und deshalb von der »Allmacht der Gedanken« überzeugt ist. Zauber ist die Sprechweise, durch die der Gedanke seine Macht über die Welt auszuüben glaubt. Selbst in der entzauberten Moderne besteht die poetische Phantasie auf dem Recht, die vorhandene Welt so zu sehen, als sei sie erst durch poetische Magie entstanden und demnach durch dasselbe Mittel zu verändern. Dann

> hebst du ganz langsam einen schwarzen Baum
> und stellst ihn vor den Himmel: schlank, allein.
> Und hast die Welt gemacht. Und sie ist groß
> und wie ein Wort, das noch im Schweigen reift.

Dieses Eingangsgedicht zu Rilkes *Buch der Bilder* kehrt die sachlichen Prioritäten um: Das Wort passt sich nicht an die ihm vorausliegende Welt an, vielmehr schafft es diese in einem zauberischen Akt durch die Sprache. Ein Gesang der Navajo-Indianer handelt davon, wie der Erste Mann und die Erste Frau durch Gesang die erste Wohnhütte schufen. Die Nachkommen wiederholen den frühen Gesang, um ihren gerade erbauten Wohnungen etwas von jenem Zauber mitzuteilen. Rilkes Verse können nicht mehr auf kollektive Nachahmung als Zauberrezept hoffen, dafür jedoch auf kollektive Anerkennung als Literatur.

12

Liebeszauber

Mit einem gemalten Band

Kleine Blumen, kleine Blätter
Streuen mir mit leichter Hand
Gute junge Frühlings-Götter
Tändelnd auf ein luftig Band.

Zephyr, nimm's auf deine Flügel,
Schling's um meiner Liebsten Kleid;
Und so tritt sie vor den Spiegel
All in ihrer Munterkeit,

Sieht mit Rosen sich umgeben,
Selbst wie eine Rose jung.
Einen Blick, geliebtes Leben,
Und ich bin belohnt genung.

Fühle, was dies Herz empfindet,
Reiche frei mir deine Hand,
Und das Band, das uns verbindet,
Sei kein schwaches Rosen-Band!

Im elften Buch von *Dichtung und Wahrheit* beschreibt Goethe die Situation, in der dieses Gedicht entstand. Während
seines Aufenthalts in Straßburg, von April 1770 bis August
1771, fing er »Liebeshändel« mit Friederike Brion an. Von

Sesenheim, wo die Tochter des Pfarrers wohnte, kehrte der Student immer wieder nach Straßburg zurück: »entfernt von ihr beschäftigte ich mich für sie, um durch eine neue Gabe, einen neuen Einfall ihr wieder neu zu sein. Gemalte Bänder waren damals eben erst Mode geworden; ich malte ihr gleich ein paar Stücke und sendete sie mit einem kleinen Gedicht voraus, da ich diesmal länger als ich gedacht ausbleiben mußte.« In Friederike Brions Abschrift ist die erste Fassung des Gedichts bewahrt, die noch eine weitere Strophe hatte, jedoch keine Überschrift; seiner Adressatin lag das »gemalte« (d. h. bemalte) Band, von dem das Gedicht spricht, ja selbst vor Augen. 1789, als Goethe seine Gedichte für den achten Band seiner *Schriften* zusammenstellte, erhielten »Kleine Blumen, kleine Blätter« den endgültigen Titel und Wortlaut. (Dieser Fassung folgt der zitierte Text.)

Goethes Erinnerung, ein halbes Jahrhundert nach der ersten Niederschrift aufgezeichnet, geht auf die biographischen Umstände des Gedichts ein, nicht auf seinen Charakter. Die Interpreten des Textes beschäftigten sich vorwiegend mit seiner literaturhistorischen Zugehörigkeit zur späten Rokokolyrik, die Goethe von Leipzig nach Straßburg mitbrachte, und mit der Überwindung des spielerischen Tons durch den Ausdruck emotionaler Wahrheit. Lediglich im *Handwörterbuch des deutschen Aberglaubens* erwähnt der Artikel über das »Band«, das vor allem beim Liebeszauber gebraucht wird, nebenbei Goethes Gedicht *Mit einem gemalten Band*. Es ist in der Tat das späte poetische Dokument einer magischen Praktik.

Bänder brauchte es besonders zu Zauberakten, die ein entferntes, begehrtes Wesen ohne und sogar wider dessen Willen an den fesseln sollen, der es begehrt. Um eine Verbindung zu den Göttern herzustellen, wurden – Vergils *Aeneis* erzählt davon – ihre Statuen mit Bändern behängt, auch die den Göttern geweihten Opfertiere mit Bändern geschmückt. Von heiligen

Bäumen hingen Bänder, die der göttlichen Macht, die sich im Baum verbirgt, die Wünsche der bedürftigen Menschen übermittelten. Da in allen Kulturen die Eheschließung ein sakraler Akt ist, fehlt es auch dabei nicht an Bändern. Der Stab des Hochzeitsbitters war mit Bändern verziert, ebenso Kleid, Kopfputz und Blumenstrauß der Braut. Noch heute schlingt der katholische Priester bei der Trauung das breite Band seiner Stola um die Hände des Brautpaars. Bereits bei der Vorbereitung der Heirat, dem gesellschaftlich anerkannten Ziel eines Liebesbundes, spielen Band und Faden eine besondere Rolle: Sie binden das Paar, das miteinander ›angebandelt‹ hat und nun ›verbandelt‹ ist, aber noch nicht zusammenlebt, für die Zukunft zusammen. Das Band, der »Liebsten« geschenkt, hält sie fest, auch wenn sie in der Ferne weilt.

Liebeszauber wurde von beiden Geschlechtern angewandt. Da die Liebeslyrik nach Sappho fast ausschließlich von männlichen Dichtern geschrieben wird, spricht sich in deren Liebesgedichten – anders als in der Folklore – nur die männliche Ansicht und Absicht aus. Einen weiblichen Liebeszauber setzt jedoch Theokrits zweite Idylle in Szene: Um einen abtrünnigen Liebhaber zurückzugewinnen, bereitet die verlassene Geliebte einen Zaubertrank. Diesen mischt sie in einer Schale, um die sie ein Band schlingt. Das Zauberband (katadesmos) wirkt als Liebeszauber (philtron): Es bindet, was zu entfliehen droht. Goethe war diese Vorstellung vertraut; dasselbe Heft der Zeitschrift *Iris* (1775), in dem »Kleine Blumen kleine Blätter« erschien, brachte auch Goethes Gedicht *Der neue Amadis*, dessen letzte Strophe den Verlust einer Jugendgeliebten beklagt:

Hielt kein Zauberband
Ihr verrätrisch Fliehn?
Sagt, wo ist ihr Land
Wo der Weg dahin?

Hätte der Liebende ein Zauberband zur Hand gehabt, wäre ihm die Geliebte nicht entkommen. Betrachtet der Mann sich selbst als Opfer eines Zaubers, so klagt der Gebundene über das »Zauberfädchen«, mit dem ihn das »liebe, lose Mädchen« festhält (in *Neue Liebe neues Leben;* auf gleiche Weise reicht in Mörikes *Peregrina* »ein Zauberfaden / Von ihr zu mir, ein ängstig Band«). Es liegt daher nahe, auch in dem »gemalten Band« und dem begleitenden Gedicht den halb ernsthaften, halb scherzhaften Versuch eines Liebeszaubers zu vermuten. Damit sich das jugendliche Missgeschick nicht wiederholt, soll das »gemalte Band«, dessen Bemalung das Werk »junger Frühlings-Götter« und deshalb von besonderer Wirkung ist, die Geliebte am Entfliehen hindern. Ebenfalls in der *Iris* von 1775 war Goethes Gedicht *Mit einem goldnen Halskettchen* zu finden, worin das »Kettchen«, »ganz zur Biegsamkeit gewöhnt«, die Rolle des Liebesbands übernimmt und »Sich mit viel hundert kleinen Schlingen / Um deinen Hals zu schmiegen sehnt.« So wäre die Geliebte gefangen. Eine solche Schlinge verbirgt sich auch in dem scheinbar harmlosen Band mit »kleinen Blumen« und »kleinen Blättern«: »Schling's um meiner Liebsten Kleid«. Einige Jahre später übersetzte Goethe das *Liebes Lied eines Amerikanischen Wilden:* »Band und Gürtel« für »meine Liebste« sollen mit einem Schlangenmuster bemalt werden. Die Magie des Liebesbands haben die Zivilisierten von den Wilden übernommen.

»Entfernt von ihr« entstand das Gedicht *Mit einem gemalten Band,* das doch eine erlebte Szene vertrauten Umgangs darzustellen scheint, denn nur aus nächster Nähe sind Kleid und Rosenband zu sehen, Blick (in der ersten Fassung heißt es »Kuß«) und Hand zu spüren. Doch solche Nähe ist nur ein Wunschtraum aus der Ferne. Der Liebende stellt sich lediglich vor, wie sich die »Liebste« bei der Ankunft der Gaben verhalten könnte. Gedicht und Band werden ihr geschickt und nicht persönlich übergeben, sind also, während der Absender von dieser ungewissen Zukunft spricht, als wäre sie schon Gegenwart, beide noch in seiner Hand. Er hofft, wie ein Zauberer, durch magische Mittel, durch Zauberding und Zauberwort, die Geliebte, die später dieses Band berühren und vielleicht diese Verse sprechen wird, in seine Gewalt zu bringen. Gute Geister sollen ihm beistehen, »Frühlings-Götter« und »Zephyr«, der Gott der sanften Winde, der daher für das delikate Botenamt besonders geeignet ist. Freilich sind diese Götter nicht so mächtige Helfer wie Aphrodite oder Amor, die seit der Antike als Beschützer der Liebe angerufen werden. Goethes Gedicht bescheidet sich mit Gottheiten niederen Ranges, mit dienstbaren Geistern, damit die Liebste – nicht durch göttliche Übermacht bezwungen, sondern durch geschickt arrangierte Kleinigkeiten bezaubert – sich scheinbar »frei« für ihren Freier entscheide. Da Venus fehlt, kann die Geliebte selbst deren Platz einnehmen: Was sie umgibt, Spiegel und Rosen, sind Attribute bei der Toilette der Venus.

Obwohl der Geber bei der Entgegennahme des Geschenks, bei der Anprobe vor dem Spiegel nicht dabei sein und sich also am Ausdruck der Dankbarkeit nicht weiden kann, versucht er den Ablauf des Ereignisses durch Zauberband und Zauberspruch seinem Wunsch gemäß festzulegen und vorwegzunehmen. Die Regeln der Magie sehen vor, dass nur Ähnliches auf Ähnliches einzuwirken vermag (similia similibus evocantur): Blumen und Blätter verknüpfen sich mit Frühlingsgöttern; das »luftig Band« mit den »Flügeln« Zephyrs; die gemalten Rosen mit der Geliebten, die »selbst wie eine Rose jung« ist; das textile Band mit »meiner Liebsten Kleid«; der Blick in den Spiegel, der ihr Bild verdoppelt, mit dem »Blick«, den sie dem in ihren Anblick versunkenen – wenngleich abwesenden – Liebhaber zurückgibt; das fesselnde »Band« durch Gleichklang mit der jetzt noch, aber bald nicht mehr freien »Hand«. Teile umgarnen das Ganze: Blumen, Blätter, Band, Kleid, Spiegel und Hand nehmen die Frau (in der poetischen

Sprache der Zeit: das »Mädchen«) gefangen. Zauber erreicht mit geringen Mitteln einen großen Zweck.

Liebesgedichte werden aus räumlicher Distanz gesprochen. Mögen sie auch die verehrte Frau anreden, so tun sie dies nicht in deren Gegenwart. Da die Geliebte, obgleich nicht in der Nähe, die Anrede, gemäß der Möglichkeit von Nachrichtenübermittlung durch Geistersprache, vernimmt, wird sie selbst wie ein Geist angerufen. Zuerst ruft das Gedicht einen Gott an, Zephyr, danach die ferne Geliebte: »geliebtes Leben«. Der »amour de loin«, die Liebe über jede Entfernung hinweg, ist nicht allein durch die höfische Sitte der Troubadours und Petrarkisten bedingt; er ist vielmehr eine Grundbedingung aller erotischen Lyrik. Ihr Bündnis mit der Zauberei behebt einen Widerspruch der Liebesdichtung: Sie preist die Vorzüge der Geliebten in solchem Übermaß, dass diese zu einem quasi-göttlichen Wesen wird; wie aber könnte dieses sich dann noch auf das menschliche Begehren des Liebenden einlassen? Um den selbsterzeugten Abstand zwischen der übermächtigen Frau und ihrem ohnmächtigen Verehrer zu überwinden, muss er die Magie zu Hilfe nehmen, zumindest die Magie der lyrischen Sprache, die genügend Kräfte aus jener Zeit bewahrt hat, da sie noch Zaubergesang gewesen war. Solche zauberischen Fähigkeiten, auch in der Liebe, rühmt eine mittelalterliche englische Ballade an dem Sänger Glasgerion:

He'd harp a fish from the river,
Or water from a stone;
He'd harp the heart from a maiden's breast
To love but him alone.
(Seine Harfe konnte einen Fisch aus dem Fluss holen /
Oder Wasser aus einem Stein; / Seine Harfe konnte das
Herz aus eines Mädchens Brust holen, / Sodass es nur ihn
allein liebte.)

Liebeszauber ist Werbung mit außermoralischen und dennoch nützlichen Mitteln. Im Sonett 15 von Petrarcas *Canzoniere* erinnert Amor den über eine unerwiderte Liebe klagenden Dichter an das glücklich-unglückliche Privileg der Liebenden, aller menschlichen Bedingungen enthoben zu sein: »che questo è privilegio degli amanti, / sciolti da tutte qualitati humane«. Bereits die antike Lyrik hatte die Liebe als einen von Gott Eros verhängten Ausnahmezustand erklärt, als eine Art dämonischer Besessenheit, die der Liebende als Leidenschaft und Krankheit erfährt. Gegen solches Leiden hilft der Liebeszauber, dessen Zweck es ist, dem Leidenden das begehrte Liebesobjekt zu beschaffen. Auch das Liebesgedicht ist als Heilmittel erfolgreich, sofern das Mädchen oder der Knabe, an die es sich richtet, dem Zauber der schönen Worte in ›gebundener Rede‹ erliegen.

Dank der magischen Eigenschaften der lyrischen Sprache können, wie Goethes »Zephyr«, die Lobreden, Klagen, Bitten, Hoffnungen des Liebenden größere Entfernungen geisterhaft überwinden. Gerade da die geliebte Frau ahnungslos und nicht anwesend ist, kann sie sich nicht gegen den Zauber wehren, zu dem sich Blumen, Blätter, Band und Götter mit dem Dichter verschworen haben. Die Geistersprache des Gedichts macht aus der bedichteten Frau eine Art Geist, den Zauberformeln zu bannen vermögen. In Klopstocks Gedicht *Das Rosenband* ist die umworbene Frau zwar körperlich anwesend, doch entschlummert, sodass ihre äußeren Sinne nicht wahrnehmen, wie sie »mit Rosenbändern« gebunden wird und was der Liebhaber ihr »lispelt«. Doch mit solch magischen Gebärden und Worten hat er die Frau bereits umgarnt und bezaubert, noch ehe sie erwacht; er hat ihren Geist im Schlaf besprochen; diesem Geist muss sie nun im Wachen folgen:

Sie sah mich an; ihr Leben hing
Mit diesem Blick an meinem Leben,
Und um uns ward's Elysium.

Zaubersprüche unterscheiden sich durch gedrängte Wiederholung der Klänge und Rhythmen von der gewöhnlichen Sprache, auch vom Großteil lyrischer Verse, in der solche Wiederholungen weniger streng angeordnet sind. Mit Wiederholung und Alliteration beginnt auch Goethes Gedicht: »Kleine Blumen, kleine Blätter«; mit dreifacher Abwandlung des Titelworts »Band« endet es: »Und das Band, das uns verbindet, / Sei kein schwaches Rosen-Band!« In der ersten wie in der letzten Strophe reimt sich »Hand« auf »Band«; je dreimal nennt das kurze Gedicht »Band« und »Rose«. Die Wiederkehr gleicher Wörter und Wortteile intensiviert ihre Zauberkraft: Kehrt etwas dreifach wieder, so gilt es endgültig (Mephisto, kundig in Zauberregeln, verlangt von Faust: »Du mußt es dreimal sagen«). Was das Leben niemals sicher gewährt, wechselseitige Liebe auf Dauer, das entreißt die Wiederholung dem Zufall und befestigt es für immer. In einem der ältesten deutschen Liebesgedichte, um 1180 in Bayern anonym aufgezeichnet, vereinen sich Handlung und Formel zum Liebeszauber:

Du bist mîn, ich bin dîn,
des solt du gewis sîn.
du bist beslozzen
in mînem herzen,
verlorn ist daz sluzzelîn -
du muost ouch immêr dar inne sîn.

»Du bist mîn, ich bin dîn« ist ein Zaubervers, der durch Binnen- und Endreim, parallelen Bau der Sätze aus je drei Wörtern und zweifache Alliteration (von b wie von d) auf kleinstem Raum die größtmögliche Zahl von Wiederholungen enthält. Wer ein Abbild einschließt und den Schlüssel wegwirft, begeht eine erotische Zauberhandlung. Sie ist heute wieder in Mode gekommen. Am Geländer bestimmter Brücken – etwa in Paris, Regensburg oder Bozen – bringen Liebespaare ein mit ihren Initialen versehenes Vorhängeschloss an und versenken den Schlüssel im Fluss.

Der Liebeszauber gehört in die Vorgeschichte der europäischen Liebeslyrik, der er Motive, Formen und Formeln liefert. Doch aus dem Ernst der Magie ist ein Spiel der Poesie geworden. Niemand wird mehr darauf setzen, dass sich Mann oder Frau durch ein Lied gewinnen ließen, und dennoch lebt in der bis ins 20. Jahrhundert verbreiteten Sitte, dem Brief an die Freundin oder den Freund ein Liebesgedicht in eigenhändiger Abschrift beizulegen, die zauberische Absicht weiter. Den Beteiligten ist die Herkunft solcher Gesten kaum bewusst. Selbst die Komposita mit ›Zauber-‹, die sich in Liebesgedichten so häufig finden, werden als rhetorische Übertreibung, nicht als Hinweis auf den Ursprung der Liebessprache verstanden. Ohne diesen vorliterarischen Ursprung aber kennte die Literatur wohl keine Liebeslyrik. Gedichte der Neuzeit gehen nicht in der Neuzeit auf; sie zitieren eine Vorzeit, in der galt, was nicht mehr gilt. Wenn die den Gedichten vertraute Denkweise den Prinzipien moderner Rationalität widerspricht, so ist dafür nicht die Freiheit der dichterischen Phantasie verantwortlich; vielmehr zeigen sich in dieser Denkweise die Reste einer vormodernen Kultur, die ihre Art, mit der Welt umzugehen, durchaus für rational hielt.

In prekären Situationen war Goethe nicht abgeneigt, Zufälle als Vorzeichen, als Orakel, als Schicksalswink für seine Lebenspläne zu nehmen. Man muss nicht lange suchen, um Zauberei als poetisches Thema bei ihm zu finden; sein Hauptwerk, *Faust*, ließe sich dafür in voller Länge zitieren.

In anderen Dichtungen, so auch in dem Gedicht *Mit einem gemalten Band*, mildert er die Zauberdinge zu »Symbolen« (wie er später die mit einem Überschuss an Bedeutung aufgeladenen Gegenstände und Geschehnisse nennen wird). Das »Rosen-Band« soll nur ein vorläufiger, »schwacher« Ersatz sein für das starke, aus gegenseitiger Zuneigung geknüpfte »Band, das uns verbindet«. Und selbst die ›symbolische‹ Verknüpfung von Zaubermittel, modischem Schmuck, geläufiger Metapher und wahrhaftigem Gefühlsausdruck im »Band« erfolgt nicht mit der technischen Gewissheit einer magischen Prozedur; vielmehr bezeichnet der Optativ »sei« vorsichtig das wünschbare Ziel. So geschickt hat der Dichter den Zauber in seinem Gedicht versteckt, dass dessen Leser darin keine anstößige Handlung, sondern eine honette Empfindung anzutreffen glauben. Jeder ernsthaft gemeinte Liebeszauber wurde von einer bestimmten Person ins Werk gesetzt, um eine bestimmte Person zu gewinnen. Von einem solchen konkreten Zweck entfernt sich der Liebeszauber in einem Gedicht, das keine konkreten Namen nennt und deshalb, sobald es gedruckt ist, eine Aneignung durch beliebige Leser ermöglicht, also auch durch jene, die nicht an Magie glauben und nicht einmal ein Liebesverhältnis eingehen wollen. Zudem schwächen sich in Goethes Gedicht *Mit einem gemalten Band* von Strophe zu Strophe die Zurüstungen zum Zauber ab. Sie können, zumindest nachdem sie ihr Ziel erreicht haben, durch das unmittelbare, d. h. nicht mehr von Zaubermitteln abhängige Verhältnis des Paars ersetzt werden: Die gebundene Geliebte soll »frei« sein und die Liebe nun etwas anderes als die Wirkung eines »Rosen-Bands«.

13

Dichter

Erst im 20. Jahrhundert ließen sich einige Gräzisten – vor allem Karl Meuli, E.R. Dodds und Walter Burkert – auf einen Gedanken ein, den Herder bereits 1777 gewagt hatte: »Auch die Griechen waren einst, wenn wir so wollen, Wilde, [...] und wenn Arion, Orpheus, Amphion lebten, so waren sie edle griechische Schamanen.« Arion, so erzählt der Mythos, sei von einem Delphin, den sein Gesang herbeigerufen habe, gerettet worden, Orpheus habe durch Gesang wilde Tiere besänftigt, Amphion die Mauern Thebens zusammengefügt. In Sibirien haben sich Reste des einst in weiten Teilen Nordasiens, Europas und Afrikas verbreiteten Schamanismus, von dem Herder durch Reiseberichte erfahren hatte, bis heute erhalten. Der Schamane vereint in seiner Person die in entwickelten Kulturen getrennten Aufgaben des Zauberers, Priesters, Arztes, Dichters und Sängers. Vermutlich ist dieser, auch von Frauen ausgeübte Beruf der erste, der sich von der praktischen und gleichartigen Tätigkeit der übrigen Stammesmitglieder abgesondert hat. Einige sibirische Völker glauben, die Schamanen stammten nicht von Menschen, sondern von Adlern ab und könnten sich daher auf Jenseitsreisen zu fernen Geistern begeben. Der mit Trommeln und Liedern eingeleitete Geisterflug des Schamanen vermittelt zwischen der Erde und dem Himmel, von dem er übermenschliche Hilfe für die Notlagen der Menschen zurückbringt. Die (im Kapitel über ›Namen‹ explizierte) Metapher der »Flügel« bewahrt selbst in späten Gedichten noch die Erinnerung an solche Geisterreisen. Es ist nicht abwegig, in Eichendorffs *Mondnacht* die romantische Beseelung eines Schamanenflugs zu erkennen:

Und meine Seele spannte
Weit ihre Flügel aus,
Flog durch die stillen Lande,
Als flöge sie nach Haus.

Alles, was sich in die Luft erhebt, preisen Gedichte mit Vorliebe: Vögel, Blumen, Bäume, Gestirne, die Seele und den Gesang. Klopstock versucht die erhebende Wirkung »des griechischen Silbenmaßes« im Bild des Adlerflugs zu fassen: Das Metrum der alkäischen Ode ermögliche es dem Dichter, mit den beiden choriambischen, d. h. aus einem viersilbigen Versfuß gebildeten Zeilen »zu fliegen; mit der einen im beständigen schnellen Fluge; mit der andern mitten im Fluge, zu schweben, dann auf einmal den Flug wieder fortzusetzen«.

Schamanen, Dichter und Gottesmänner sind in einer eigenen Sphäre hoch über der Erde, zwischen Gott und Mensch zu Hause. Moses besteigt den Berg Sinai, wo Gott zu ihm spricht. Die übrigen Angehörigen des Volkes Israel hingegen sollen nicht »hinaufsteigen zu dem Herrn, damit er sie nicht zerschmettere.« Bei der Erscheinung Gottes in Blitz und Donner »flohen sie und blieben in der Ferne stehen und sprachen zu Moses: Rede du mit uns, wir wollen hören; aber lass Gott nicht mit uns reden, wir könnten sonst sterben.« Der gefährlichen Nähe eines Gottes halten nur Auserwählte mit gottähnlichen Eigenschaften stand. Was sie von den Worten des unbegreiflichen Gottes berichten, müssen sie dem Fassungsvermögen ihrer Zuhörer anpassen. Moses eignet sich für diese riskante Rolle des Vermittlers, denn er ist, wie das Alte Testament erzählt, auch Dichter und Sänger, also zum

Gebrauch einer schwierigen und hoheitlichen Sprache befähigt. Allein dann erscheint vormodernen Gesellschaften die soziale und kulturelle Ordnung verlässlich, wenn sie, wie die der Zehn Gebote, auf göttliche Stiftung zurückgeht. Doch nur durch Mittelsmänner, mythische Kulturheroen, kann eine solche Ordnung formuliert und eingerichtet werden. Den Sonderstatus dieser Magier, Seher, Propheten bestätigt eine Sondersprache, dazu geschaffen, göttliches Wissen in verständliche und haltbare Form zu fassen.

In Fällen der Not, da Feinde die Existenz der Gemeinschaft bedrohten, bedurfte es ebenfalls des mit magischen Kräften begabten Dichters. Er zog mit in die Schlacht, die durch die Zaubermacht seiner Lieder entschieden wurde. Darum begleitete Orpheus die Ausfahrt der Argonauten. Moses erzwang den Sieg seines Volks, indem er während der Schlacht einen Stab, einen Zauberstab also, in die Höhe hielt. Noch im 20. Jahrhundert segneten Priester, als wären sie Magier, die Waffen, gaben Dichter, als wären sie Barden, den Soldaten Gedichte mit in den Krieg. Theodor Körner wurde zur idealen Gestalt der Befreiungskriege, weil er sich mit *Leier und Schwert* daran beteiligte, mit Gesang und Gewehr. Seine Gedichte rezitierten zunächst die Kämpfer auf dem Feldzug, nach dem Sieg über Napoleon alle Deutschen im Chor. So erneuerte sich auf deutschem Boden, was in Tacitus' *Germania* zu lesen war (und gelesen wurde sie zu Körners Zeit in sämtlichen Gymnasien): Die germanischen Krieger zogen mit Barden aus, deren Lied, hinter vorgehaltenen Schilden in dumpfem Tönen von allen gesungen, »den Mut entflammt und aus dem Schall bereits den Ausgang des bevorstehenden Kampfes vorhersehen lässt«.

Der Römer Tacitus bemerkte diese germanische Sitte, weil ihm ein solcher Glaube an die Magie des Gesangs nicht mehr selbstverständlich war. In Rom war Poesie längst Teil der literarischen Bildung und ästhetischen Unterhaltung geworden. Es war nur noch eine erhebende Erinnerung an vergangene Zeiten, wenn Horaz und Vergil den Dichter als »vates«, als Seher, rühmten. Über die Dichtung in Versen, die in der Gegenwart entstand, dachten die Römer nüchterner: Dichtung war Handwerk und Kunstwerk. Diese rationalistische Auffassung von der Tätigkeit des Poeten war auch für die christliche Religion annehmbar, die sich im römischem Reich entwickelte. Da die Kirche kultische Handlungen und die Verkündigung der jenseitigen Dinge den Priestern vorbehalten wollte, gestand sie den Dichtern lediglich die Illustration religiöser Wahrheit oder eine moralisch unbedenkliche Verschönerung der irdischen Existenz zu.

In der Neuzeit eroberten die Dichter und ihre Apologeten mit dem Losungswort »Genie« der Verskunst einen Teil der verlorenen Autorität zurück. Dem Genie wohnt ein Genius, ein Dämon, inne. Daher findet es im eigenen Innern, ohne Zutun und Aufsicht einer religiösen Institution, eine Wahrheit von quasi-religiöser Qualität. Ohne geheime Einwirkung des Himmels («du Ciel l'influence secrète«) könne es, so lehrte *L'Art Poétique*, Boileaus klassischer Verstraktat von 1674, kein »génie« geben. Das poetische Genie ist der Wiedergänger des Sehers in der aufgeklärten Welt. Als kennte er bereits den neueren Begriff des Genies, leitet in der *Odyssee* der Sänger Phemios, der »Göttern und Menschen gesungen«, seine Begabung aus der eigenen Natur ab und zugleich von göttlicher Inspiration her: »Mich hat niemand gelehrt [autodidaktos d'eimi: Autodidakt bin ich]; ein Gott hat die mancherlei Lieder / Mir in die Seele gepflanzt.« Im Vorwort zu *Leaves of Grass* (1855) beansprucht Walt Whitman, als gäbe es in der Moderne nicht den geringsten Zweifel an der Möglichkeit poetischer Weissagung, für sich und seinesgleichen die Würde eines »vates«: Dieser verleihe allen Dingen »Größe und Leben des Universums. Er ist ein Seher [a seer] ... er ist individuell ... er ist vollständig in sich selbst.« So vollständig in sich ist ein solcher Visionär, dass er, kühner noch als Phemios, nicht einmal Gott als Garanten seines außerordentlichen Wissens erwähnt. Es lässt sich schwer entscheiden, ob diese Selbstdarstellung des Genies auf Tradition, Überzeugung, Belesenheit oder nur auf der Lust an Provokation beruht. Allerdings kehrt sich seit dem frühen 20. Jahrhundert die Avantgarde der Lyrik von Whitmans Pathos ab. Paul Valéry schlägt vor, das angeblich zum Dichten erforderliche Genie durch den (etymologisch ihm verwandten) »Ingenieur« zu ersetzen, der – seiner Art von Ingenium folgend – Wörter zu einem Gedicht zusammenbaut. Aber auch dieses technologische Konzept der poetischen Arbeit ist übertreibende Untertreibung, polemisch gerichtet gegen die zum Gemeinplatz gewordene Rede vom »Genie«. Valérys eigene Gedichte sind alles andere als Produkte einer Ingenieurkunst.

Das lateinische Wort »vates« ist mit dem althochdeutschen Wort »wuot« verwandt (woraus im Neuhochdeutschen »Wut« wird), das ›wahnsinnig‹ bedeutet: Die andere Sprache der Dichtung wird als Resultat eines anderen Zustands, eines Außersichseins, gedeutet. Weissagung, Wahnsinn und Verssprache liegen im Ursprungsmythos des poetischen Vermögens nahe beieinander; ihr gemeinsamer Gott ist Apollon. Der Dichter hat die Aufgabe, ewige Wahrheit in der vergänglichen Wirklichkeit zu verkünden – eine Ansicht, die heute nur noch in poesiegläubigen Festreden vorkommt; sie trifft jedoch einen Sachverhalt archaischer Kulturen. Beglaubigt wird die inspirierte Mitteilung des Sehers durch sein technisches Vermögen, bedeutungsvolle Botschaften in Versform zu bringen. Der »poietes« (poeta), das jüngere Wort für den Verfertiger poetischer Texte, bewahrt daher etwas von der Würde des älteren »aoidos« (vates), des weissagenden Sängers. Stets sind es Verfasser von Gedichten – nie Erzähler oder Dramatiker –, die noch in aufgeklärten Zeiten über die Grenze vernünftiger Erkenntnis und Prognostik hinaus Verborgenes und Künftiges in raunenden Versen andeuten und der Ausdeutung anheimstellen: Quirinus Kuhlmann, Angelus Silesius, Klopstock, Hölderlin, Novalis, George, Celan sind die bekanntesten Repräsentanten der immer wieder von Lyrikern aufgegriffenen Vates-Rolle in der Geschichte der deutschen Literatur.

Nicht immer muss der Dichter durch Anrufung, Zauberworte, Verkündigung, geheimnisvolles Dunkel den Besitz übermenschlicher Fähigkeiten demonstrieren, um seinem Gedicht Respekt und Glaubwürdigkeit zu verschaffen. Einige Gattungen der Lyrik kommen mit purer menschlicher Einsicht aus, mit nichts als Erfahrung und Verstand. Sie reichen von den Sprüchen des Alten Testaments bis zu den sogenannten Moralischen Gedichten des 18. Jahrhunderts, vom altertümlichen Sprichwort bis zur neuzeitlichen Gedankenlyrik. Bereits die Darbietungsweise zeigt, dass sich Spruchweisheit mit gewöhnlichen menschlichen Fähigkeiten begnügt: Sie wird gesprochen, nicht gesungen. Sittensprüche stellen Regeln für den Umgang der Menschen miteinander auf; so empfiehlt die *Edda* dem Gastfreund richtiges Verhalten gegenüber dem Gastgeber:

Gehn soll man, nicht als Gast weilen
stets an einem Ort:
der liebe wird leid, wenn lange beim andern
auf der Bank er bleibt.

Die Versform erleichtert es, diesen Ratschlag auswendig zu lernen, zu beherzigen und bei passender Gelegenheit vorzubringen. Horazische Oden hielten sich so lange in der europäischen Überlieferung, weil sie einprägsame Maximen für ein glückliches Dasein unter Freunden, bei maßvollem Sinnengenuss, Freude an der Poesie, an einer unabhängigen Existenz in ländlicher Abgeschiedenheit aufstellten und darum vor Ehrgeiz, Luxus und kriegerischen Unternehmungen warnten. Solche einleuchtenden Weisheiten könnte jedermann mit anderen Worten aussprechen, doch fehlte dann ihnen die Autorität des Verses, der humanes Wissen mit dem Wert einer allgemein anerkannten, wiederholbaren Formel ausstattet. Verse bewahren selbst dann noch etwas von dem Ansehen, das sie durch den Umgang mit Geistern erworben haben, wenn sie lediglich zu Lebensklugheit raten. Die an Menschen gerichteten Sprechhandlungen des Ermahnens, Warnens, Tröstens, Belehrens wirken, in dieser auffälligen Sprache vorgetragen, nachdrücklicher. Gesetzestexte in Versform, wie sie in frühen Kulturen, die keine Schrift kannten, üblich waren, sind nicht so leicht zu vergessen oder zu entstellen wie Rechtssätze in Prosa. Diesen Vorzug besitzt auch das Sprichwort, dessen Weisheit kaum je gewöhnliches Wissen übersteigt. Doch die bündige, durch Rhythmus und Reim gefestigte Aussage macht jeden Einwand unmöglich. Das Sprichwort ist eine Zauberformel der Alltagsweisheit.

Nur als einen »Halbbruder des Dichters« wollte Schiller den Verfasser von Romanen gelten lassen. Hierarchisch führen Stufen vom prosaisch freien zum metrisch geformten Satz, von der schlichten zur erhabenen Rede, vom profanen zum heiligen Text. Bei Gesamtausgaben eines schriftstellerischen Werks steht daher die Lyrik des Autors am Anfang. Heute entscheidet allerdings nicht mehr die Verskunst über den literarischen Rang eines Autors; zur erfolgreichsten und anerkanntesten Gattung ist der Roman geworden. Deshalb hat die Berufsbezeichnung ›Schriftsteller‹ den Ehrentitel ›Dichter‹ verdrängt, da er an eine höhere, inzwischen unglaubwürdig gewordene Berufung erinnert.

Dichten ist kein Beruf wie jeder andere. Man kann dem Verfasser eines Gedichts nicht bei dessen Herstellung zusehen wie dem Maler oder Bildhauer. Wer sich Verse ausdenkt, will nicht gestört sein. Zwar spricht man vom ›Handwerk‹ des Dichtens – um dem mysteriösen Tun der Dichter eine bürgerliche Reputation zu verschaffen, nannte Pindar sie »tektones«, Baumeister, weil sie wie diese eine Gesamtgestalt entwerfen und Einzelteile zusammenfügen; doch im Unterschied zu anderen professionellen Tätigkeiten erfordert Dichten kein Handwerkszeug. In Kulturen ohne Schrift entsteht das poetische Werk allein im Kopf, im Zusammenspiel von Gedächtnis und Phantasie. In Schriftkulturen kann der Dichter zwar seinen lyrischen Text mit Stift und Papier protokollieren; doch ist selbst dieses bescheidene Werkzeug kein unabdingbares Mittel der Produktion. Prosaische Texte hingegen, die kein Versrhythmus stabilisiert, benötigen zu ihrer Komposition wie zu ihrer Verbreitung Schreibgeräte und Reproduktionstechniken. So wenig die Arbeit des Dichters sichtbar und messbar ist, so wenig gibt es einen Maßstab für ihre Entlohnung. Gedichte werden nicht nach dem Zeitaufwand bei ihrer Herstellung bezahlt.

In der archaischen Stammesgesellschaft sind Leistung und Stellung des Dichters meistens auf eine einzige, herausgehobene Person konzentriert: sie ist *der* Dichter. In differenzierten Gesellschaften differenzieren sich auch Aufgabe und Status des Dichters. Seit der Jungsteinzeit, seit dem 4. Jahrtausend v. Chr., entstand eine aristokratische Oberschicht, die sich von Viehzüchtern und Pflugbauern ernähren ließ. Fürstenhöfe hielten sich neben Poeten auch Sänger sowie Musikanten und schufen damit einen Berufsstand, der für seine Darbietungen einen Lohn fordern konnte. Eine freiere und angesehenere Position nahm der Dichter ein, wenn er einen Mäzen gefunden hatte. Der Mäzen behandelte den Dichter, als wäre dieser gleichberechtigt, und unterstützte ihn durch Geschenke. Die einzelnen poetischen Gattungen wurden in unterschiedlichem Maß professionalisiert. Sänger umfangreicher Epen genossen Gunst und Lohn der Höfe, an denen sie die Heldentaten der Vorfahren verklärend erzählten. Lyrische Dichtung hingegen konnten Personen verschiedenen Standes ersinnen und vortragen: Solisten oder Chöre, Männer oder Frauen, heilige Seher oder profane Unterhaltungsdichter, sesshafte Hofpoeten oder wandernde Spielleute, Herren von Adel oder Personen aus dem Volk, Priester oder Laien, Dilettanten oder bezahlte Sänger. Selbst heute noch gilt diese ökonomische Trennung von epischer und lyrischer Dichtung: Wer einen Roman schreibt, erstrebt mit diesem zeitraubenden Unternehmen einen materiellen Erfolg; wer ein Gedicht verfasst, rechnet selten mit Gewinn und nicht immer mit einer Veröffentlichung – was nicht ausschließt, dass manche Gedichtbände, von Ludwig Uhland bis zu Wolf Wondratschek, zu Verkaufserfolgen wurden.

Sollte nun, wenn sich schon die Sprache der Lyrik offensichtlich von der des Alltags unterscheidet, nicht auch die Person des Dichters etwas Ungewöhnliches sein? Es fehlt von der Antike bis in die Moderne weder an Bekundungen der Dichter, dass sie anders als die anderen seien, noch an der Zustimmung der Mit- und Nachwelt zu dieser Selbstauszeichnung. Das Publikum vermutet, die göttliche oder quasi-göttliche Inspiration habe Folgen für Charakter, Existenz und Schicksal des Inspirierten. Der Rückzug in die Stille, die es braucht, um ein Gedicht zu erfinden, und die erstaunliche Abweichung der Gedichtsprache von der Normalsprache verbinden sich zu der gängigen Vorstellung, der Dichter sei ein einsames Wesen. Sie reicht von den schamanistischen Anfängen bis zur avantgardistischen Moderne. »Lyrik ist eine anachoretische Kunst«, konstatiert Benn; er könnte viele Belege anführen. »Solo et pensoso i più deserti campi / vo mesurando« (Einsam und gedankenvoll durchmesse ich die verlassensten Gegenden), so beklagt und rühmt ein Sonett Petrarcas sein von den Menschen abgekehrtes Dasein als Dichter. *Soledades*, »Einsamkeiten«, nannte Luis de Góngora sein lyrisches Werk. Der verächtlichen »Menge« steht in

Rilkes Selbstportät *Der Einsame* gegenüber, der selbst in der Menge einsam bleibt:

Wie einer, der auf fremden Meeren fuhr,
so bin ich bei den ewig Einheimischen;
die vollen Tage stehn auf ihren Tischen,
mir aber ist die Ferne voll Figur.

Die Publikation macht dieses Gedicht den »ewig Einheimischen« bekannt, die während der Lektüre in die Rolle des »ich« wechseln und sich nun, ohne die »fremden Meere« des Dichters befahren zu haben, ebenfalls als »Einsame« fühlen. Wie der Seher die Gemeinde seine Kenntnis der verborgenen Wahrheit ahnen ließ, so schließt der »einsame« Lyriker der abgewiesenen und doch willkommenen »Menge« eine ihr verschlossene Erfahrung in überraschenden Bildern auf.

Vermutlich leben Lyriker nicht weniger gesellig als andere Literaten, früher vielleicht sogar geselliger, denn ein Gedicht ist schneller geschrieben als ein Drama oder Roman und lässt sich sogleich einer geneigten Runde vortragen. Doch das stilisierte Bild vom einsamen Dichter prägte die Vorstellung des Publikums stärker als jegliche Nachricht über die Realität der Schriftstellerexistenz. In erhabenen – in gestelzten – Worten hat Mallarmé den Charakter des Gedichts mit dem seines Verfassers gleich- und beide dem Buchmarkt entgegengesetzt: »Wie der Poet seine Verbreitung hat [nämlich keine], ebenso lebt er; abseits und unbekannt den Reklameplakaten, dem unter den Exemplaren zusammengebrochenen Ladentisch oder den atemlosen Verlagsvertretern: vorzeitlich [antérieurement] gemäß einem Pakt mit der Schönheit, zu deren Wahrnehmung er sich mit seinem notwendigen und verstehenden Blick verpflichtete und deren Verwandlungen er kennt.« Ausführlicher als ein Gedicht, das sich mit wenigen Worten begnügt, kann die Erzählung die Lebensart des lyrischen Dichters und Sängers darstellen. In Goethes Roman *Wilhelm Meisters Lehrjahre* irren der Harfner und Mignon, die sich fast nur in Liedern äußern, fremd, einsam und dem Tod geweiht durch die prosaische Welt der Lebenstüchtigen. In Jean Pauls Roman *Flegeljahre* führt Walt, der im Stil griechischer Epigramme dichtet, eine selige Poetenexistenz inmitten der unverständigen philiströsen Umgebung.

»O Poeten, ihr seid immer stolz gewesen; werdet mehr, werdet hochmütig.« Mallarmés Aufruf überträgt die Superiorität der Verssprache auf das Selbstbewusstsein des Lyrikers; mit dem Lob ihrer Fähigkeiten waren Lyriker noch nie zurückhaltend, zumal viele um die Freigebigkeit der Zuhörer werben mussten. Was sie rühmten, sollte auf Dauer berühmt werden, daher errichte sich auch der Dichter, so prophezeite Horaz seinen Zeitgenossen, »ein Denkmal, dauerhafter als Erz«. Schönheit und Erhabenheit eines Werks, dessen Abglanz auf den Dichter fällt, weichen aber in der Moderne negativen Idealen, dem Hässlichen, dem Chaotischen, dem Nichts – ohne dass sie dem Ansehen des Dichters schadeten. Der »poète maudit«, der verfluchte Dichter, den Baudelaire, Verlaine und Rimbaud darstellten, fügt sich, aller Provokation zum Trotz, ins überlieferte Bild des gottbegnadeten Sängers. Außenseiter ist der eine wie der andere. Entscheidend ist nicht, ob das Schöne oder das Hässliche, Glanz bei Sappho oder Verwesung bei Baudelaire zum Thema werden; entscheidend ist in beiden Fällen der Abstand von der Sprache der übrigen Menschen. In unnachahmlichen Versen dichten begnadete wie verfluchte Dichter; dagegen verrät der Prosaschriftsteller bereits durch die Verwandtschaft seiner Sprache mit dem gewöhnlichen Verkehrston sein Einverständnis mit der Menge.

Der feierlichen Präsentation von Lyrik und der übertriebenen Verehrung des Dichters entziehen sich einige Lyriker des 20. Jahrhunderts, vor allem amerikanische: Robert Frost,

William Carlos Williams, Elizabeth Bishop. Sie verzichten auf den spektakulären Gestus einer Abweichung zum Erhabenen oder Satanischen hin und bescheiden sich mit einer unauffälligen Sprache, die sich fast mit alltäglicher Prosa verwechseln lässt. Brechts *Buckower Elegien* sind im Stil dieser lyrischen Antilyrik geschrieben. Und dennoch bleibt in solchen Gedichten das vermiedene Pathos des traditionellen Lyrikers erhalten durch das kaum geringere Pathos der Verneinung. Unvermeidlich schreibt und liest man Gedichte stets vor dem Hintergrund bereits geschriebener und gelesener Gedichte.

14

Nachleben

Es ist leichter zu verstehen, wie und wozu Lyrik erfunden wurde, als zu verstehen, weshalb es sie heute noch gibt, da doch die meisten kulturellen Voraussetzungen fehlen, denen sie ihre Entstehung verdankt. Wer hielte in der Gegenwart Anrufungen an Götter und Geister für sinnvoll? Wer vertraute der Wirksamkeit von Zaubersprüchen? Welches Fest, welcher Kriegszug erforderte neue Lieder? Wer nähme Reim und Metrum als Zeichen einer wahrsagenden Sprache? Oder schlichter gefragt: Wer gebraucht noch Sprichwörter? Doch die neuere, sogar die neueste Lyrik tut so, als bestünden jene Voraussetzungen weiterhin. Sie muss so tun, damit sich irgendein dunkler Grund vermuten lässt, auf dem die auffällige Sondersprache und Sonderform der Lyrik rechtens beruht. Dieses Glaubwürdigkeitsdefizit der nacharchaischen Dichtung entstand, weil sich die Zeit schneller und einschneidender geändert hat als die poetische Konvention, die lyrische zumal. Menschen, die keine Polytheisten sind, dichten in der Neuzeit immer noch so, als wären sie es und verehrten Venus, den Frühling, die Freude oder einen Fluss als Gottheiten. Innerhalb des Gedichts gilt eine andere Religion als außerhalb. Daher gibt es eine Lyrik nach der Lyrik.

Im Lauf ihrer Geschichte entfernt sich die Lyrik von ihren Entstehungsbedingungen, ohne sie gänzlich zu vergessen; in Sprechweise und Form des Gedichts sind sie bewahrt. Diese Eigenschaften wirken fremdartig, geheimnisvoll und daher anziehend auf spätere Epochen, ohne dass diese sich dem ursprünglichen Zweck der lyrischen Sprache verpflichtet fühlten. An die Stelle des primären Zwecks tritt ein sekundärer: Der Archaismus des Gedichts fördert und erfüllt das Verlangen zu denken, zu fühlen, zu sagen, wofür die Pragmatik und die Logik des aufgeklärten Zeitalters keine Worte mehr haben. Die moderne Psyche ist nie vollständig modern. Um die Zumutungen der beschleunigten Modernisierung zu mildern, kultiviert die kollektive Erinnerung das Abgelebte und Abgelegte. Die Romantik hat zuerst diesen psychischen Mangel, den die moderne Rationalität erzeugt, als Problem erkannt und einen Ausgleich durch Einfühlung in die Vergangenheit gesucht. Auch das romantische Gedicht entrückt den modernen Leser träumerisch der Alltagswelt, wie das archaische Gedicht seine gläubigen Zuhörer entrückte. In der Moderne ist das Bedürfnis nach dem Unzeitgemäßen zeitgemäß.

Der Prozess, in dem die archaische Lyrik ihre Funktionen verlor, ohne dass ihre Formen verschwanden, begann bereits in der Antike. Kultische Gesänge lebten, schriftlich aufgezeichnet, im literarischen Gedächtnis fort, obgleich der Kult, zu dem sie gehörten, schon halb oder ganz vergessen war. Bereits alexandrinische und römische Poeten imitierten, um die Würde des Gedichts zu wahren, kultische Stile der Vergangenheit. Die Reihe der Anachronismen setzt sich fort: Neuzeitliche Gedichte, die lediglich zum Lesen bestimmt sind, verwenden weiterhin Strophe und Versrhythmus, die auf Musik und Tanz zurückverweisen. Im 18. Jahrhundert und 19. Jahrhundert dürfen Gedichte ausnahmsweise auch Reim und Metrum ablegen, im 20. Jahrhundert regulär; sie beachten jedoch noch immer den Zeilenbruch, als ob er sich durch ein Versmaß ergeben hätte – bis Baudelaires und Rimbauds »Poèmes en prose« auch diese Konvention beseitigen (aber immerhin den durchschnittlichen Umfang eines Gedichts respektieren). Im 20. Jahrhundert entstehen Gedichte, deren graphische Struktur der eines Gedichts ähnelt; doch auf Wörter und sogar auf Laute können sie verzichten. (*Fisches Nachtgesang* von Christian Morgenstern begnügt sich mit den metrischen Zeichen für Längen und Kürzen, die der Form von Fischschuppen ähneln.) Schrittweise streift die Lyrik die Elemente, die sie einst konstituierten, von sich ab; zu verwundern ist nur, dass dieser Prozess so lange dauert und nach jeder Reduktion doch etwas übrig bleibt, was ›Lyrik‹ heißen kann.

Den Prozess der Reduktion halten gegenläufige Tendenzen auf. Keine andere Institution hat erfolgreicher für die Konservierung altertümlicher Formen der Lyrik gesorgt als die christliche Kirche, deren Kult auch eine kultisch gebundene Sprache erforderte. Als die Kirche sich vor zweitausend Jahren bildete, übernahm sie Gebet, Bittgesang und Hymnus von heidnischen Religionen und passte die neuen Inhalte den alten Formen an. Einige dieser katholischen Kirchenlieder haben sich bis in die Gegenwart erhalten; durch ihren von Tag zu Tag, von Fest zu Fest wiederkehrenden Gebrauch prägten sie sich jedermann ein. Aus der Kirche trug die Gemeinde das »Kyrie eleison« und »Halleluja«, zu »Leisen« und »Jubilationen« abgewandelt, ins profane Leben hinaus, um die tägliche Arbeit durch den Ausblick auf das versprochene Jenseits zu erleichtern. Die Dauerhaftigkeit, Volkstümlichkeit und Würde der lyrischen Formen, die im Dienste der Kirche stehen, bewog weltliche Dichter zur Nachahmung. Selbst eine so archaische Gattung wie die Litanei, bei der eine Formel mehrfach am Anfang oder Schluss der Verszeilen wiederkehrt, greifen moderne Lyriker auf, um ihren freien, prosanahen Texten durch Repetition eine festere Struktur zu geben. Ungarettis *Finale* lässt jeden seiner sechs Verse mit »il mare« enden, dem dann noch einmal, wie bei einer Responsion, »il mare« folgt: »Morto è anche, vedi, il mare, / Il mare.« (Gestorben ist auch, siehe, das Meer, / Das Meer.) René Chars *La Sorgue* besteht aus zehn Verspaaren und einem Einzelvers, die sämtlich mit der Anrufung »Rivière« (Fluss) beginnen. Allen Ginsbergs *Howl* (Das Geheul) überzieht die prosaische Wortfügung mit einer litaneihaften Versgliederung, indem er jeden der Sätze mit demselben Wort eröffnet: neunundfünfzigmal mit »who« im ersten Teil, elfmal mit »Holy« im letzten. Gerhard Rühm versieht sein Lautgedicht *Gebet* mit der Anweisung: »der vortrag erfolgt in einem litaneiartig gedämpften sprechgesang innerhalb einer grossen terz.« Selbst die weltliche Parodie ruft die geistlichen Formen in Erinnerung.

Während im Roman sich die Personen je nach Rang und Zeitstil mit »du«, »Er«, »Ihr«, »Sie« anreden, kennt die Sprache der Lyrik wie die der Kirche nur das ältere »du« – englische Gedichte bewahren sogar das in der Umgangssprache ausgestorbene »thou«. Lyrik ist selbst eine konservative Institution, die Sprachkonventionen, Themen, Metren und Gattungen Jahrtausende hindurch bewahrt. Zwar hat der Leser jeweils nur ein einzelnes Gedicht vor sich, doch ist es stets das Exemplar seiner Gattung. Leider wird in den meisten Anthologien der Lyrik die Macht der Gattung nicht sichtbar. Sie wählen die originellsten Gedichte bedeutender Dichter aus und ordnen sie in historischer Reihenfolge an, sodass jedes Gedicht eine spontane Eingebung des Autors oder ein notwendiger Ausdruck des Zeitgeists zu sein scheint. Gedichte, die frühere Gedichte variierend wiederholen, sich also im Rahmen einer Gattung halten, gelten als epigonal und daher nicht anthologiewürdig. Dagegen lehrt ein Blick in die *Anthologia Graeca*, eine bereits in der Antike begonnene Sammlung von Tausenden griechischer Epigramme, wie gerade die enge Begrenzung der Form und der Motive eine unendliche Zahl von Variationen und Überbietungsversuchen hervorruft. An der Entstehung eines solchen Epigramms hat sein Autor einen geringeren Anteil als die Gattung Epigramm. Die Gattung liegt als dauerhaftes Formschema dem ad hoc erfundenen Text voraus. Sofern ein Gedicht ein Epigramm, eine Ode, ein Sonett darstellt, sofern es sich also den jeweiligen Vorschriften über Umfang, Vers- und Strophenmaß, Reimordnung, Stilhöhe fügt, wirkt in dem späten Exemplar noch die Ursprungssituation der Gattung nach. Sie sorgt für die Stabilität der lyrischen Tradition, schränkt das Ausmaß historischer Veränderung und damit auch die Freiheit poetischer Erfindung ein. Das komplizierte Versmaß der alkäischen Ode, 600 v. Chr. von Alkaios erdacht, wird durch Horaz dem Mittelalter und der Neuzeit überliefert. Noch Johannes Bobrowski kann sie, diesmal auf Klopstocks und Hölderlins Spuren, zitieren:

Euch such ich heut, Alkäen, daß ihr ins Maß
das Herz mir leitet wieder und meinem Mund
die Worte alle nehmt. Es gehen
lautlos die Sprüche dahin des Abends.

Wer ein Gedicht verfasst, das dem Frühling gilt, hat unvermeidlich einige der zahllosen Anrufungen des Frühlings im Ohr, die im literarischen Gedächtnis gespeichert sind. Einem Fragment des Alkaios hat Mörike den Schluss seines Gedichts *Er ist's* entlehnt: »Frühling, ja, du bist's! / Dich hab' ich vernommen.« Er variiert Alkaios' Vers: »Frühling, duftender, dich, den kommenden, habe ich vernommen!« Auch der Duft und das Vorgefühl des Kommenden fehlen nicht in Mörikes Gedicht, das man eine Paraphrase des griechischen Vorbilds nennen könnte:

Süße, wohlbekannte Düfte
Streifen ahnungsvoll das Land.
Veilchen träumen schon,
Wollen balde kommen.

Der Unterschied dieser zweieinhalbtausend Jahre auseinander liegenden Formulierungen ist gering. In keiner anderen Dichtart liegen Ursprung und Gegenwart so nahe beieinander wie in der Lyrik.

Gerade die Avantgarde liebt es, archaische Elemente der Lyrik zu zitieren. Das Neueste tritt in der Verkleidung des Ältesten auf: Hugo Ball deklamiert seine Lautgedichte, wie er selbst es beschreibt, mit »einem zylinderartigen, hohen, weiß und blau gestreiften Schamanenhut« auf dem Kopf, wobei »meine Stimme, der kein anderer Weg mehr blieb, die uralte Kadenz der priesterlichen Lamentation annahm«. Wiederholung bestimmt nicht nur die Struktur des einzelnen Gedichts, das sich seit alters durch rhythmische und klangliche Repetition der vergehenden Zeit zu entziehen versucht; Wiederholung bestimmt auch die eigenartige Geschichte der Lyrik, in der »uralte Kadenzen« fortdauern oder plötzlich wieder zu vernehmen sind, die Macht der Zeit also aufzuheben scheinen. Die Geschichte der Lyrik ist kein unumkehrbarer Prozess. Einer Sammlung seiner Übersetzungen von Gedichten »aus anderen Zeiten, anderen Räumen« hat Hans Magnus Enzensberger den Titel *Geisterstimmen* gegeben. Obwohl der Glaube erloschen ist, dass der Geistersprache der Lyrik eine Kommunikation mit Geistern gelingen könne, bleibt immerhin die geisterhafte – in Wahrheit durch Schrift und Druck bewerkstelligte – Kommunikation zwischen den toten und lebenden Schöpfern dieser Geistersprache bestehen.

Die Schönheit und Eigenart altertümlicher Lyrik leitet die davon angeregte Sehnsucht immer wieder zum historisch vergangenen, aber ästhetisch gegenwärtigen Anfang der Poesie zurück. Trotzig behauptet der romantische Dichter: »The vanished gods to me appear« (in Ralph Waldo Emersons *Brahma*: Die verschwundenen Götter erscheinen mir). W. B. Yeats' *Sailing to Byzantium* will dem Überdruss an der sinnentleerten Gegenwart durch die poetische Rückkehr zu einer verlorenen Glaubensinbrunst, durch die »Überfahrt nach Byzanz«, entkommen. Dort sollen »Weise, die ihr in Gottes heiligem Feuer steht, [...] meiner Seele Sangeslehrer« (singing-masters of my soul) werden. Solche Unterweisung würde den modernen Dichter dazu befähigen, wie seine Vorfahren, Schamane und Seher, allwissend von dem zu singen, was war, was geschieht und was kommen wird: »Of what is past, or passing, or to come.« Gerade in der Moderne schlagen viele Gedichte den Weg aus der Moderne zurück in den Mythos ein. Ernst Stadlers *Fahrt über die Kölner Rheinbrücke bei Nacht* beginnt im »Schnellzug«, mit dem Blick auf »Kugellampen« und »Schlote«, mit Wörtern also, die der modernen Alltagserfahrung ebenso vertraut sind wie dem herkömmlichen Vokabular der Lyrik unvertraut, endet aber mit der Ankunft im mythischen Reich von Fruchtbarkeit und Tod:

Zum Letzten, Segnenden. Zum Zeugungsfest.
Zur Wollust. Zum Gebet. Zum Meer.
Zum Untergang.

Das moderne Gedicht ist unterwegs zu seinem vormodernen Ursprung, den es jedoch lediglich zitieren, nicht heraufbeschwören kann. Stadlers Fahrt über den Rhein hat nicht die Feier eines kollektiven Fests zum Ziel; sie bekundet vielmehr, wie Yeats' Überfahrt nach Byzanz, die Sehnsucht nach einem Fest, das es so nicht mehr geben wird.

Seit dem 18. Jahrhundert bringen ethnologische Berichte, meist von Missionaren verfasst, die Kunde nach Europa, dass das höchste Glück der Wilden in Tanzen und Singen bestehe. 1763 erschien in London John Browns *Dissertation on the Rise, Union, and Power, the Progressions, Separations, and Corruptions, of Poetry and Music.* Brown wagte es, die Befunde »among the savage Tribes« in Parallele zu den Zeugnissen der frühesten griechischen Kultur zu setzen: Wie bei den Wilden waren in ihr Tanz, Musik, Poesie Ausdrucksformen religiöser Vorstellungen und eines gemeinschaftlichen Lebens. Im Gefolge solcher ethnologischer Erkenntnis versuchten Thomas Gray in England und Klopstock in Deutschland, die Poesie der nordischen Barden aus der Zeit, da Kelten und Germanen noch Wilde waren, aufzuspüren und, soweit möglich, nachzuahmen. Die älteste Lyrik sollte die neueste an ihre Herkunft erinnern und ihr wieder zu jener kultischen Bedeutung verhelfen, die sie in der Zivilisation verloren hatte. Geballte Hebungen und gereihte Senkungen – im 18. Jahrhundert ungewohnte, verstörende Rhythmen – wollten Tonfall und Bedeutsamkeit archaischer Dichtung wiederbeleben. So wurde auch im 19. Jahrhundert Gerard Manley Hopkins durch das Vorbild der altnordischen Dichtersprache zur Modernisierung der englischen Lyrik angeregt. Der »spring rhythm« seiner Gedichte, der Stabreim, die Bevorzugung einsilbiger Wörter angelsächsischer Herkunft, die Umschreibung von Dingen durch ungewöhnliche Metaphern (wie in den ›kenningar‹, den verrätselten Metaphern der altisländischen Dichtung) – diese Rückwendung zu den ältesten Elementen verschaffte der lyrischen Sprache den Anschein einer magischen Kraft, die der konventionellen Lyrik längst abhandengekommen war.

Für die Weitergabe archaischer Gedichte sorgte zuerst die Melodie, die sich, nicht anders als bei Kirchenliedern und Schlagern, im Ohr festsetzte und die zugehörigen Worte mühelos dem Gedächtnis einprägte. Lyrik ist eine bewegliche Kunst, die leicht in der Welt herumkommt. Darin erkannte schon Pindar einen Vorzug seiner Dichtung im Vergleich mit den bildenden Künsten:

Nicht bin ich ein Bildhauer, um müßig in sich ruhende
                                                    Bild-
werke zu schaffen, die auf dem Sockel nur
Stehn; nein, auf jeglichem Frachtschiff
ziehe und jeglichem Boote, süßer Sang, hier
Von Aigina fort und allwärts tu es kund,
Dass Lampons Sohn, der gliederstarke Pytheas [...]

Wenn eine Melodie ihn stützt, kann der Gedichttext den
Zweck, eine Nachricht zu verbreiten, besser erfüllen. Schiffs-
besatzungen und Passagiere tragen Pindars Ode und mit ihr
Pytheas' Ruhm von Aigina, wo das Fest für den Sieger bei
den Nemeischen Spielen stattfand, in die Welt hinaus. Sobald jedoch das aktuelle Interesse an Lampons Sohn erlahmt
war, ging der musikalische Teil der Ode verloren; die schriftliche Aufzeichnung hielt nur die Worte fest. Abschriften und
schließlich der Druck, philologische Editionen und Kommentare konservierten Pindars Werk so lange, dass die Lyriker der Neuzeit wieder in seinem Stil dichten (obgleich nicht
singen) konnten.

Beim Untergang der antiken Welt ging der größte Teil
der griechischen Lyrik unter. Historische Zufälle entschieden darüber, welche Fragmente gerettet wurden. Bereits
die spätgriechische Kultur hatte versucht, den am höchsten geschätzten Texten der frühgriechischen Lyrik Dauer
zu sichern: Die Bibliothek von Alexandrien verwaltete ein
Archiv archaischer und klassischer Gedichte, wovon nur
Weniges die Zerstörung der Bibliothek überstand. Da die
römischen Lyriker von den griechischen lernten, lebten diese mittelbar, durch Nachahmung, weiter und gelangten so, in
den immer wieder abgeschriebenen Werken Catulls, Horaz',
Ovids, Martials verborgen, ins Mittelalter und in die Neuzeit. Von Nachteil war jedoch, dass die originale griechische
Lyrik in dorischen und äolischen Dialekten geschrieben war,

also – anders als Drama, Philosophie und Wissenschaft – nicht in klassischem Attisch, das, auch im Römischen Reich, zur Standardsprache des Griechischunterrichts wurde; griechische Lyrik wurde daher kaum unterrichtet und nicht in Schulausgaben gesammelt. Einige Originale griechischer Lyrik wurden der Nachwelt durch Zitate in antiken Abhandlungen zur Poetik und Rhetorik bekannt, manche erst im 20. Jahrhundert durch Papyrusfunde aus Ägypten. Was der Lyrik am fernsten zu stehen scheint, die Gelehrsamkeit der Schriftkultur, hat sich als hilfreichstes Mittel ihrer Bewahrung und Wiederaufnahme erwiesen. Pädagogen und Philologen vermittelten seit der Renaissance die Kenntnis von Gedichten, die ein- oder zweitausend Jahre vor ihnen entstanden waren. Diese Kenntnis ließ sich immer wieder in poetische Produktivität umsetzen – wodurch allerdings das Dilemma entstand, dass Gedichte in einem Stil geschrieben wurden, der in die Zeit des Originals, nicht aber in die seines Nachahmers gehörte. Schrift und Druck, Schule und Universität sorgen bis heute für die Gegenwart einer Dichtung, die dem Zeitalter entstammt, in dem das Gedächtnis des Einzelnen wie des Kollektivs eine Bibliothek ersetzte. Heute speichert das Gedächtnis der Zeitgenossen nur noch wenige Gedichte, während der Vorrat an Lyrik in den Bibliotheken wächst.

Die erstaunlich kohärente Tradition der europäischen Lyrik beruht vor allem auf der autoritativen Präsenz der römischen Vorbilder, die sich ihrerseits auf griechische Vorbilder stützten. Zu den klassischen Autoren, zu deren Lektüre das Unterrichtsprogramm der Bildungsinstitutionen verpflichtete, traten einige autochthone Formen, vor allem aus der höfischen Lyrik des Mittelalters, aber auch aus dem Volkslied. Sie alle wurden seit Beginn der Neuzeit gedruckt und damit der lesenden und dichtenden Nachwelt verfügbar, die in den einst zweckgebundenen Formen nun zweckfreie

Stilarten entdeckte. Es sind so viele lyrische Stile überliefert, dass der neuere Dichter freie Wahl unter ihnen hat. Manche wirken, in die Gegenwart versetzt, überraschend modern. Exemplarisch lässt sich diese Modernisierung durch Archaisierung an der Lyrik der »Generacíon del 27« ablesen, als Rafael Alberti, Federico García Lorca, Jorge Guillén und andere spanische Lyriker den dreihundert Jahre zuvor verstorbenen Góngora zu ihrem Vorbild erklärten. Seit Beginn der Neuzeit darf jeder dichten, wie es ihm gefällt, horazische Oden und volkstümliche Madrigale nebeneinander. Innerhalb weniger Jahre wechselt der junge Goethe vom anakreontischen Gedicht zu Liedern im Volkston und danach zu pindarischen Oden. Auf die Bestimmung für ein Kollektiv, dem ursprünglich die Sprache der Lyrik dienstbar war, blickt ein neuzeitlicher Autor in einfühlsamer Erinnerung zurück, ohne sich selbst gebunden zu fühlen. Der Zweck wird zum Zitat. Der neuere Dichter genießt eine zweideutige Freiheit: Vieles ist möglich, nichts ist notwendig. Um dieses Defizit auszugleichen, erfinden Leser und Kommentatoren eine private Notwendigkeit: das Gedicht gehe auf ein Erlebnis des Verfassers zurück und sei Ausdruck seiner Gefühlslage.

Auf verwirrende Weise wirken in der Geschichte der Lyrik Ursprung, Verlust, Bewahrung, Unterbrechung, Erneuerung, Abwendung zusammen. Es ist schwierig, wenn nicht unmöglich, für dieses Gemenge unterschiedlicher, oft entgegengesetzter Tendenzen einen angemessenen Begriff zu finden: Kontinuität, Tradition, Gedächtnis, Erinnerung? Vielleicht vermag der Begriff ›Nachleben‹ am ehesten den Zusammenhang von alter und neuer Lyrik zu erfassen. Nachleben ist ein Leben nach dem Leben, wie es Gespenstern beschert ist. Dieser Begriff spricht dem Ursprung der Lyrik eine Notwendigkeit zu – das Leben –, die dem Nachleben nur in geringerem Maße zukommt. Aber gerade in diesem Widerspruch liegt der Reiz der neueren Lyrik: möglich zu machen, was unmöglich ist, um sich einige Verse lang in einer entschwundenen (und schon früher nicht recht realitätstauglichen) Welt aufzuhalten.

15

Literatur

Schriftlich aufgezeichnete Gedichte führen ein Doppelleben:
als Gesang, der sie waren, und als Text, der sie sind. In dieser
neuen Gestalt, als schriftlich fixierter Text, konnte Lyrik ein
Teil der Literatur werden. Das lateinische Wort »litteratura«
bezeichnet alles Geschriebene, besonders die auf Bücher ge-
stützte Gelehrsamkeit; erst seit Beginn des 19. Jahrhunderts
wird es – auch rückwirkend – auf Werke eingeschränkt, die
eine künstlerische Absicht zu erkennen geben. Buchdruck,
Buchhandel und Bibliothek gleichen die nach Bestimmung
und Präsentation verschiedenen Arten der Poesie einander
an: Rhapsodisch vorgetragene Epen, erzählte Märchen, auf-
geführte Dramen, gesungene oder gesprochene Gedichte –
sie alle stehen nun, ohne sich äußerlich voneinander zu unterscheiden, auf ihren Textcharakter reduziert, im Bücherregal
nebeneinander – und sogar neben Romanen, die von Anfang an als Buch erscheinen. ›Literatur‹ heißt die in Bibliotheken aufbewahrte Gesamtheit poetischer Texte, deren Ursprung in einem Zeitalter liegt, das noch keine Bibliotheken
kannte.

Wird Lyrik Teil der Literatur, so treffen die Eigenschaften
der Literatur auch auf sie zu: Sie ist dann jederzeit und überall verfügbar; kultische und kasuelle Beschränkungen ihrer
Präsentation sind aufgehoben; die unterschiedlichen Anläs-
se, Zwecke, Aufführungen verschwinden im Buch und lassen
sich bestenfalls aus dem Unterschied der Gedichtformen erschließen. Von Benutzern der literarischen Bibliothek wird

181

keine andere Reaktion und Teilnahme erwartet als die Lektüre. Selbst für die Poesie, die einstmals von einem oder für ein Kollektiv dargeboten wurde, sieht das Buch die einsame Lektüre vor. Die materielle Ordnung der Bibliothek wie die geistige Ordnung des Wissens machen es erforderlich, die Vielzahl der Werke nach Gattungen, Epochen, Autoren systematisch aufzustellen und aufzulisten; dies ist von der Antike bis in die frühe Neuzeit Aufgabe der Poetik und Philologie, in der Moderne die der Literaturwissenschaft. Eine solche Behandlung als Literatur ist von Hause aus der Lyrik unangemessen.

Solange die Praxis bestand (oder wenigstens die Erinnerung an sie), Gedichtarten auf die Gelegenheit abzustimmen, der sie zu dienen hatten, konnte es keinen einheitlichen Begriff von Lyrik geben. Er wird, vorbereitet durch italienische Poetiken des 16. Jahrhunderts, erst im 18. Jahrhundert gebräuchlich. Die ältere Auffassung, jede Gedichtart sei selbständig, durch einen je besonderen Stil ausgezeichnet und daher unter keinem Oberbegriff mit anderen Gedichtarten zu vereinen, findet sich noch in Gottscheds einflussreichem *Versuch einer Critischen Dichtkunst* (1730–39). Er verteilt, ohne einen gemeinsamen Charakter zu erkennen, die Gattungen, die heute als »lyrisch« zusammengefasst werden, über mehrere Kapitel seines Lehrbuchs der Poetik. Es handelt unverbunden »Von Elegien, das ist Klagliedern und verliebten Gedichten«, »Von Sinngedichten, Grab- und Ueberschriften« (d. h. von Epigrammen), »Von allerley kleinen Liedern, als Madrigalen, Sonnetten und Rondeaux«, »Von allerley neuen Arten größerer Lieder, als Ringeloden, Sechstinnen und Gesängen«, »Von Cantaten, Serenaten und Kirchenstücken oder Oratorien«, »Von allerhand Arten von Scherzgedichten« und manchem mehr. Auch die Bezeichnung »Gedicht« ist bis ins 19. Jahrhundert kein sicheres Indiz für Lyrik; vielmehr kann alles so heißen, was in Versen geschrieben ist. Wieland nennt seine Verserzählung *Musarion* ein »Gedicht, in drey Büchern« und noch Schiller *Wallenstein* ein »dramatisches Gedicht«. Jedoch wird an den lyrischen Gattungen, die ihren je unterschiedlichen Zweck verloren haben und jetzt alle nur noch auf dem Papier existieren, eine zuvor nicht entdeckte Familienähnlichkeit sichtbar: Kürze, Metrum, Strophe, Präsens, feierliche und bilderreiche Sprache, ein unbestimmtes Subjekt, das sich »Ich« nennt, ein nicht recht fassbares »Du«. Treten diese Eigenschaften an einem Text hervor, so rechnen ihn Kenner wie Amateure der lyrischen Dichtung zu, die sich eindeutig von der epischen und dramatischen unterscheiden lässt. Die triadische Einteilung in Lyrik, Epik und Dramatik ist bis heute erhalten geblieben. Der Zweck der Lyrik ist unkenntlich geworden; erkennbar ist sie noch an ihren Mitteln.

Ist Lyrik ins System der Literatur integriert, so dominieren ästhetische Werte, während die praktischen Aufgaben zurücktreten. Was keinen Nutzen mehr verspricht, kann dennoch Freude bereiten: die Freude am Nutzlosen oder an der Vorstellung eines ehemaligen Nutzens. Wer von einer lyrischen Sprechhandlung wie Beten oder Beschwören liest, nimmt sie nicht vor, vermag sich aber vorzustellen, wie es wäre, wenn er sie vornehmen würde. Doch nicht immer ist es leicht, sich Situation und Sprechhandlung eines Gedichts vorzustellen. Das literarische Gedächtnis der Neuzeit reicht bis in die Antike zurück und bewahrt Werke, die vor zwei- oder dreitausend Jahren entstanden. Gerät ein früher Text durch Abschrift und Druck an spätere Leser, so erscheint ihnen dunkel, was den ersten Zuhörern klar gewesen war. (Philologische Kommentare versuchen den Mangel zu beheben.) Pindars 14. Olympische Hymne beginnt so:

Die, in kephisischer Flut
Besitz, ihr wohnt auf Fluren, von schönen Rossen
                                              prangend,
Sangesberühmte Königinnen ihr des
Reichen Orchomenos, Huldinnen, der uralten Minyer
                                    Schutz und Schirm,
Hört auf mein Beten!

Fremd klingen dem Leser die Namen »kephisisch«, »Orchomenos«. Unbekannt sind ihm die »sangesberühmten Königinnen«, die seltsamerweise auf Pferdeweiden wohnen. Die
Gebetsformel lässt immerhin die Sprechsituation deutlich
werden: Anrufung und Lobpreis gelten ländlichen Gottheiten, den Chariten. Erst ein gelehrter Kommentar, selbst Teil
einer differenzierten Schriftkultur, macht die historischen
Voraussetzungen dieser Ode einsichtig und ihren Wortlaut
verständlich: Bei den Olympischen Spielen 488 v. Chr. hatte
Asopichos aus Orchomenos in Böotien den Wettlauf der
Knaben gewonnen. Wie üblich begleitete ein Festzug (ko-
mos) den Sieger auf dem Rückweg in seine heimatliche Polis,
in seinem Gefolge wahrscheinlich der Dichter selbst, der im
ebenfalls böotischen Theben zu Hause war. Ein Chor von
jungen Männern hatte den Siegesgesang (epinikion) einstudiert. Beim Eintritt in die Stadt wurde er in der Nähe eines
Heiligtums während einer kultischen Feier aufgeführt. Obligatorisch musste die Ode die lokalen Götter, die den Sieg
begünstigt hatten, preisen, danach die Polis, den Sieger und
seine Familie. Das poetische Werk, das zum rituell festgelegten Empfang des siegreichen Wettkämpfers gehörte, erfüllte
die Erwartungen der Bürger von Orchomenos. Sie waren in
den Kontext der Siegeshymne einbezogen und brauchten
deshalb keine ausdrückliche Unterrichtung über Anlass, Ort,
Zeit, Handlung, Personen. Sie wussten, dass ihre Stadt am
Fluss Kephisos liegt, dass der Stamm der Minyer sie bewohnt

und in ihr besonders die Chariten, die Schutzherrinnen der musischen Künste, verehrt werden. Pindars Ode ist auf Ereignis, Tag und Lokalität abgestimmt, Gelegenheitsdichtung also, der erst das Aufbewahrungssystem der antiken und neuzeitlichen Literatur Ewigkeitswert verschafft hat.

Um die Orientierung des Lesers zu erleichtern, geben neuzeitliche Gedichte, die – Pindars Auftrag vergleichbar – einem einmaligen Ereignis gewidmet sind und dennoch im Druck überdauern sollen, bereits durch die Überschrift den Anlass ihrer Entstehung bekannt, so Simon Dachs *Einzugs-Lied bey höchst feyr- und erfrewlicher Einkunfft Sr. Churfürstl. Durchl. Hn. Hn. Friderich Wilhelmen etc. etc. etc. in Dero Hertzogthumb Preussen und Churfürstl. Residentz. Königsberg 1641* oder Mörikes *Cantate bei Enthüllung der Statue Schillers. Stuttgart, am 8. Mai 1839.* Aus dem Ereignis wird Literatur, sobald der Dichter die Verbreitung seines Gedichts bei Zeitgenossen und sein Nachleben bei späteren Generationen beabsichtigt. Da diese Auftragswerke nicht nur ein einziges Mal aufgeführt, sondern danach beliebig oft gelesen werden sollen, liefert die Überschrift in Prosa den historischen Kommentar zur Poesie.

In neuzeitlichen Gedichten erscheinen Personen- und Ortsnamen – Friedrich Wilhelm und Königsberg bei Dach, Schiller und Stuttgart bei Mörike – nur in wenigen, meist durch eine Feier veranlassten Ausnahmefällen, und auch hier öfter in der Überschrift als im Text. Die griechische, situativ gebundene Lyrik nannte ungescheut die Namen von Freunden und Feinden, Tänzerinnen und Schülerinnen. Diese Namen waren der Gemeinschaft, die das Gedicht zum ersten Mal hörte, vertraut. Ob man die Namen Jahre später, an anderen Orten noch kennen würde, brauchte den Dichter nicht zu kümmern, dem die gelungene Aufführung und die kollektive Erinnerung an sie wichtiger waren als ihr ungewisses Fortleben in einem schriftlichen Dokument. Hat jedoch, wie im Zeitalter des Buchdrucks, der Dichter von vornherein die literarische Zirkulation seines Gedichts im Blick, so muss er Angaben über besondere Orte, Personen, Umstände vermeiden, da sie das Verständnis der damit nicht vertrauten Leser erschweren würden. Anders als Romanen und Dramen fehlt Gedichten die Zeit, Zuhörer oder Leser mit individuellen Personen allmählich bekanntzumachen und diese ausführlich zu charakterisieren. Soll das Gedicht zu entfernten Lesern gelangen, so müssen Thema und Darstellung so allgemein wie möglich gehalten sein, damit jeder sie mit einem Bild nach seiner Vorstellung auffüllen kann. Vor allem Liebesgedichte, die weder den Namen des Liebenden noch der Geliebten verraten, eignen sich zum lyrischen Passepartout, zur zitierbaren Formel für jedermanns Gefühle. Weniger der Ausdruckszwang verliebter Dichter als vielmehr die Kommunikationsbedingungen der Schriftkultur sind für die Beliebtheit von Liebesgedichten verantwortlich: Da alle schon einmal verliebt waren, manche es sogar gerade sind, kommt das Gedicht, das davon spricht, bei allen gut an.

> Wenn ich in deine Augen seh',
> So schwindet all mein Leid und Weh;
> Doch wenn ich küsse deinen Mund,
> So werd' ich ganz und gar gesund.

Wem fiele es schwer, sich an die Stelle des »ich« in dieser Strophe Heines zu setzen und ihr namenloses Du mit einer Person nach Wunsch zu besetzen? Individuelle Namen – wie Anaktoria bei Sappho, Kleobulos bei Anakreon, Hagesichora bei Alkman – würden dem Leser Einfühlung und Selbstgenuss verderben.

Ein Name, der jedoch außerhalb des Textes steht, wird in der Geschichte der Lyrik immer wichtiger, der Name seines Verfassers. Archaische Lieder sind anonym überliefert;

wäre ihr Erfinder bekannt gewesen, so hätte dies ihren Wert als übermenschliche Sprechhandlung geschmälert. Zwar sind frühgriechische Gedichte bereits mit dem Namen eines Dichters verbunden; dieser war aber im Auftrag einer Gemeinschaft tätig, deren Absicht also das Gedicht mitformte. Erst in der Neuzeit wird der Dichter zum alleinigen Schöpfer seines Gedichts, weshalb diesem der Autorname stets beigefügt ist. Im System der Literatur, das seinen juristischen Ausdruck im Urheberrecht findet, darf es keine herrenlose Zeile geben. Aus solch strikter Zuordnung von Text und Autor erwächst die Neigung, das Pronomen »ich« im Text mit der realen Person des Verfassers zu identifizieren. Bereits Goethe fiel bei seiner Rezension von Johann Heinrich Voß' *Oden und Elegien* auf, dass diese nach Entstehungsdaten geordnet waren, »eine Zusammenstellung der Art, die schon mehreren Dichtern gefiel«, um im lyrischen Oeuvre »das Leben, das Wesen, den Gang des Dichters«, also seine innere Biographie, sichtbar zu machen. Gedichte, die nicht mehr einen Auftrag der Gemeinschaft ausführen, vereinigen sich unter dem Namen des Dichters zu einem Buch.

Ein Band mit Gedichten ist ein Buch unter Büchern, gegen die es sich behaupten muss. Bereits in der Antike und im Mittelalter gab es eine Konkurrenz unter Dichtern. Gerade der lyrische Dichter dichtete, sobald er an einem Hof oder in einer Stadt beschäftigt war, mit dem Seitenblick auf andere Dichter. Der Wettbewerb konnte sich bis zum »Sängerkrieg« steigern; der Spott auf Konkurrenten wurde selbst zu einem Gegenstand von Gedichten. Die direkte Polemik, die sich in antiken und mittelalterlichen Gedichten aus der persönlichen Nähe der Dichter und aus ihrem Kampf um die Gunst von Zuhörern und Mäzen ergab, weicht auf dem Buchmarkt der Neuzeit der Demonstration von Originalität. Das Verlagswesen, das von Neuheiten lebt, zwingt selbst eine so altertümliche und konservative Dichtart wie die Lyrik zu ständiger Innovation. Der moderne Leser erwartet, dass ein neues Gedicht etwas erfindet, was er nicht einmal ahnen konnte. Deshalb ist es erfolgreicher, wenn es gegen die Regel verstößt, als wenn es sie einhält. Lyrik wird, indem sie der Innovation zuliebe sämtliche überkommenen Gewohnheiten zur Disposition stellt, zwangsläufig modern.

Die jeweils neueste Lyrik ist schwer zu verstehen, weil sie sich nicht mehr an die Konvention hält; die ältere Lyrik ist nicht leicht zu verstehen, weil ihre historische Umgebung fremd geworden ist. Um beide Defizite zu verringern, bedarf es des Interpreten, der das Schwerverständliche oder Unverständliche verständlich macht. Selbst der Leser, der Hölderlins Gedicht *Der Winkel von Hahrdt* auf die Sage zu beziehen weiß, der württembergische Herzog Ulrich habe sich auf der Flucht in einer Felsspalte versteckt, wird das Rätsel nicht lösen können, weshalb »von unten auf ein Grund, / Nicht gar unmündig« blühe. Aus dieser Verlegenheit hilft der Kommentar des Herausgebers Jochen Schmidt: »Der ›Grund‹ des Aichtals, durch das der Herzog Ulrich floh, ist nicht ›unmündig‹, d. h. er weiß von diesem Schicksal zu sagen – das Wort ›unmündig‹ wird hier, gegen die eigentliche Etymologie, von ›Mund‹ abgeleitet.« Zwar klingt es immer noch seltsam, wenn ein Flusstal sich an ein historisches Geschehen zu erinnern vermag; doch lassen sich nun Hölderlins befremdliche Worte mit Hilfe des Kommentars an eine aus dem Mythos vertraute Vorstellung knüpfen: Naturdinge sind von Geistern belebt und verfügen deshalb über menschliche, sogar übermenschliche Fähigkeiten, etwa ein Jahrhunderte zurückreichendes Gedächtnis. In einem hermetischen Gedicht ziehen gerade die schwierigen Wörter die Aufmerksamkeit auf sich. Rhythmus und Klang des Gedichts werden kaum noch wahrgenommen, wenn der nach einem Verständnis suchende Leser die im Text verstreuten Anhaltspunkte durchforscht, um das Geheimnis aufzuklären.

Lieder, die man singt und hört, benötigen keinen gelehrten Kommentar. Über dunkle Stellen singt und hört man hinweg. Von der Anstrengung absorbiert, eine Verszeile laut und richtig zu singen oder zu sprechen, kümmern sich Sänger und Sprecher wenig um die Bedeutung einzelner Wörter und den Sinn des ganzen Textes. Metrum und Klang von Versen verkörpern sich in Silben, nicht in Wörtern. Der stumme Leser jedoch erfasst die räumliche Struktur des Textes, die sich in der Typographie darbietet, besser als die dynamische Bewegung, die sich aus dem Fortgang von Rhythmus und Klang ergibt. Erst bei stillem Lesen beginnt das Nachdenken über die Schwierigkeiten des Wortlauts. Liegt das Gedicht gedruckt vor, so beugen sich viele Leser über denselben Text; sie gelangen zu unterschiedlichen Interpretationen, die begründet und verteidigt werden müssen. Langsame, sorgfältige Lektüre, »close reading«, zählt daher zu den Tugenden des Lesers und zu den professionellen Anforderungen an den Philologen. In Schul- und Seminarräumen ist die lyrische Poesie von interpretierender Prosa umgeben. Diese Behandlungsweise verhindert von vornherein, dass Gedichte noch kultisch gebraucht und mythisch geglaubt werden. Der pädagogische Entschluss zu verstehen drängt außerdem die musikalischen Elemente des Gedichts in den Hintergrund und reduziert sie auf den Begriff der ›Form‹. Ihr wird die Funktion zugeteilt, den aus dem Text erstellten Sinn zu bestätigen. Ein großer Teil der modernen Lyrik verzichtet auf Metrum und Reim, damit der gedankliche Gehalt des Gedichts, der sich nur dem nachdenklichen Leser erschließt, in dem Maße hervortritt, wie der musikalische Anteil, der das Ohr des Hörers gefangen nahm, geringer wird.

Literatur konkretisiert sich im Buch, das auf einen Leser wartet, der Muße findet und eine Zeitlang seine übrigen Geschäfte zurückstellt. Wird Lyrik zu Literatur, so bedeutet der Verlust der Lebenspraxis, mit der sie einst zusammenhing, einen Gewinn an Freiheit und Selbständigkeit für den Text wie für seinen Leser. Das aus dem Dienst an einem Zweck entlassene Gedicht wird zum Selbstzweck, zu einem beliebig oft wiederholbaren ästhetischen Ereignis. So konnte gerade die Lyrik, die sich zunächst fremd im System der Literatur ausnahm, schließlich zu ihrem Ideal werden. Wie keine andere literarische Gattung stellt nun das Gedicht eine schöne, von aller prosaischen Wirklichkeit abgewandte, in sich vollständige Gestalt dar. Deshalb kann die Beschäftigung mit Lyrik wie eine gesellschaftliche Selbstauszeichnung betrieben werden. Liebhaber von Gedichten scheinen über die Prosa des Alltags und der Romanlektüre erhaben zu sein. (Vielleicht hat wegen des Verdachts, soziale Distinktion zu befördern, das Interesse an Lyrik in den letzten Jahrzehnten nachgelassen, in der deutschen Kultur besonders, zu deren Programm der Abbau elitärer Haltungen gehört.)

Aus der Distanz zur Prosa zog, und zieht manchmal noch, die Lyrik ihr Pathos. Mallarmé beklagte sich darüber, dass Gedichte nicht mit anderen Lettern gedruckt werden als Zeitungen. Seit dem Ende des 19. Jahrhunderts haben sich Dichter, Setzer und Verleger um eine noblere Gestaltung lyrischer Texte bemüht, in Deutschland besonders auffällig Stefan George und Melchior Lechter. Großer Schriftgrad, altertümliche oder eigens geschaffene Schrifttypen, teures Papier, Verschwendung von leerem Raum sollten den vornehmen Status der Poesie in der Epoche des gleichmacherischen Buchdrucks bereits vor Beginn der Lektüre zu erkennen geben. So entstand ein optisches Äquivalent zur hergebrachten akustischen Eigenart der Lyrik, zu Rhythmus und Melodie. Musste auch Lyrik, um zu überleben, zur Literatur sich schlagen lassen, so beharrte sie doch auf einer innerliterarischen Opposition. Obwohl gerade die in der Neuzeit übliche Lektüre gedruckter Gedichte den Dichter zu Konzeption, Niederschrift und Drucklegung seiner eigenen Gedichte angeregt hat, neigt er zu der Ansicht, erst im Vortrag zeige sich das wahre Wesen der Lyrik, ihre gedruckte Gestalt sei vorläufig und unvollständig. Das Gedicht versucht, dem Buch, in dem es doch so sicher aufbewahrt ist, wieder zu entfliehen. Aus dem Gedichtband löst sich das einzelne Gedicht, um ins Gedächtnis des Lesers, in eine Anthologie, in Deklamation oder Lied überzugehen.

Zwar dient die neuzeitliche Lyrik nur selten noch dem Fest, der Gemeinschaft, dem Kult, der Beschwörung, der Kommunikation mit Geistern, aber eine gewisse Festlichkeit und Erhebung, ein inneres Mitsprechen und Mitsummen, eine Überschreitung und Erweiterung der alltäglichen Existenz lassen den ältesten Zweck unter gänzlich veränderten Bedingungen ahnen. Während dieses temporären Ausnahmezustands scheint dem einsamen Leser eine andere Welt heraufzudämmern. Im Reservat der modernen Gefühlswelt kehrt die vergangene kultische Praxis imaginär zurück. Diese unbestimmte Erinnerung an Herkunft und Zweck der Lyrik nutzen die Pathetiker unter ihren Apologeten zu ebenso weiträumigen wie vagen Verklärungen des Gedichts und seines Verfassers. Der französische Lyriker René Char glaubt zu wissen: »Dichtung ist zugleich Wort und die sprachlose Herausforderung unseres Anspruchsvoll-Seins um der Heraufkunft einer Wirklichkeit willen, die nicht ihresgleichen haben wird. Die unverweslich ist.« Der neugriechische Lyriker Odysseas Elytis teilt in seiner Nobelpreisrede eine mysteriöse Entdeckung mit: »Das All ist übersät von unzähligen geheimen Zeichen, die wie Silben einer unbekannten Sprache herausfordern, Worte zu bilden und mit diesen Worten Sätze zu komponieren, deren Entzifferung uns zur tiefsten Wahrheit bringt.« Was Gedichten erlaubt ist, kühne Wünsche zu äußern, ohne sich darum zu kümmern, ob sie erfüllbar sind, das setzt die volltönende, von keinem Realitätssinn gezügelte Emphase der Festansprache fort, um das ergriffene Publikum von der Sonderstellung des lyrischen Dichters zu überzeugen. Wäre die Welt, wie Char und Elytis sie zu erfahren behaupten, so endete das aufgeklärte Zeitalter der Literatur und es begänne die Wiederkehr eines Geisterreichs, dessen Sprache einst nur Schamanen verstanden.

16

Ohne Zweck und Mittel

Ariel heißt ein 1962 entstandenes Gedicht von Sylvia Plath;
die ersten drei der zehn Strophen lauten:

> Stasis in darkness.
> Then the substanceless blue
> Pour of tor and distances.
>
> God's lioness,
> How one we grow,
> Pivot of heels und knees! – The furrow
>
> Splits and passes, sister to
> The brown arc
> Of the neck I cannot catch

> (Stillstand in Dunkelheit. / Dann das körperlose blaue /
> Strömen von Felshügel und Entfernungen.
> Gottes Löwin, / Wie eins wir werden / Angelpunkt von
> Fersen und Knien! – Die Furche
> Reißt und fliegt vorbei, Schwester von / Dem braunen
> Bogen / Des Nackens, den ich nicht fassen kann).

Dieser Text tritt als ein Gedicht auf, obwohl ihm die meisten Merkmale abgehen, woran einst ein Gedicht zu erkennen
war. Immerhin ist er in Verszeilen geschrieben, wenngleich
kein Versmaß ihre Länge bestimmt, sondern der plötzliche,

unvorhersehbare Abbruch nach wenigen Wörtern und der Neubeginn mit einem Großbuchstaben. Diese Verse scheinen einem Formschema zu folgen, erfüllen es aber nicht: Sie sind wie Terzinen zu Strophen gebündelt, obwohl weder ein Metrum noch eine Reimordnung für ihre Verbindung sorgt. Den Versuch, in schwachen Assonanzen Rudimente von Reimen zu entdecken (darkness – substanceless – lioness, grow – furrow, heels – knees), wird man bald aufgeben. Einzig die Typographie schafft eine der Lyrik eigentümliche Form, die sich hier jedoch nicht aus Rhythmus und Klang ergibt, sondern allein durch den Willen der Dichterin, die ohne erkennbaren Grund die Sätze ihres Textes in dieser Weise aufgegliedert hat. Würde das Gedicht einem Hörer diktiert, so könnte er die Zeilen ganz anders anordnen oder wie Prosa ohne Zäsuren niederschreiben.

Man wird *Ariel* nicht nur wegen der Unterbrechung durch Verszeilen und Strophen langsamer lesen als einen Prosatext. Auch die Dunkelheit und die Unvollständigkeit der Sätze vermindern das Tempo der Wahrnehmung, mehr noch vielleicht, als wenn früher ein klassisches Gedicht deklamiert oder gesungen wurde. Der nachsinnende Leser muss den Eindruck gewinnen, das Gedicht sei nicht für ihn bestimmt, da er die Privatsprache, in der es verfasst ist, nicht versteht. Die geheimnisvollen Wortverbindungen, aus denen Fragmente von Bildern aufsteigen, lassen ihn aufmerken, ohne dass sie ihre Bedeutung preisgeben würden. Das moderne Gedicht entzieht sich nicht nur der Gemeinschaft, der die Lyrik einst diente; es wendet sich nicht einmal dem einzelnen, um Verständnis bemühten Leser zu.

Trotz der ironischen Handhabung der lyrischen Form und der destruktiven Verwendung der lyrischen Sprache bewahrt Sylvia Plath' Gedicht einige Elemente der lyrischen Tradition. Wie man es von einem Gedicht gewohnt ist, gibt sich in »we« und »I« ein Ich zu erkennen, das eben jetzt, im Prä-

sens, diese Worte spricht. Nicht einmal die traditionelle Anrufung bleibt aus; sie richtet sich an »God's lioness«, eine Gestalt allerdings, die nicht aus der Mythologie bekannt ist. Die
Verlegenheit, in die ein modernes Gedicht den Leser bringt,
lässt ihn nach Stichwörtern suchen, die bei der Entzifferung
des verschlüsselten Textes hilfreich sein könnten. Hier gibt
bereits die Überschrift einen Hinweis für Gebildete: Ariel
heißt der Luftgeist, »an airy spirit«, in Shakespeares *Sturm*.
Es wäre nicht das erste Mal, wenn Ariel, Helfer des mächtigen Zauberers Prospero, als Verkörperung der Poesie aufträ-
te. T. S. Eliot veröffentlichte *Ariel Poems*. In Wallace Stevens'
Gedicht *The Planet on the Table*, einige Jahre vor Plath' *Ariel*
und ebenfalls in reimlosen Terzinen geschrieben, ist Ariel ein
anderer Name für den Dichter: »Ariel was glad he had writ-
ten his poems.« In Erinnerung an die lyrische Sprache luftiger
Geister und in Anpassung an die technische Sprache der Gegenwart gab Harald Hartung seiner Anthologie »internatio-
naler Poesie 1940–1990« den Titel *Luftfracht*. Für ihre letzte
Sammlung von Gedichten hatte Plath den gleichen Titel wie
für das Einzelgedicht *Ariel* vorgesehen. Daher liegt es nahe,
auf literarische Kenntnisse zu vertrauen und in dem Gedicht
eine in Geistersprache formulierte, daher dunkle Anrede des
Dichters («I«) an den Dichtergeist Ariel zu vermuten. Dann
stünde das Gedicht in der Tradition der lyrischen Anrufung,
verwendete allerdings so befremdliche Worte, wie sie diese
Tradition nie kannte. Doch selbst solche Dunkelheit ließe
sich als Steigerung der ›anderen Sprache‹, die für Lyrik cha-
rakteristisch ist, ins Unverständliche deuten. In immer neuen
und meist dunklen Bildern spricht das moderne Gedicht mit
Vorliebe vom Dichten und vom Dichter, vielleicht weil es
sonst wenig in der Welt zu sagen und auszurichten hat.

Ein zweiter sagenhafter Name taucht in dem Gedicht auf,
der nicht zum ersten passen will: »white Godiva«, eine adelige
englische Dame des 11. Jahrhunderts, die sich nackt auf ihrem

Pferd gezeigt haben soll, um von ihrem gestrengen Eheherrn eine Steuererleichterung für die Bürger des Landes zu erwirken. Dieses historische Zitat verbindet sich mit einem biographischen Faktum, das den Namen »Ariel« einfacher erklären lässt: So hieß das Pferd, auf dem die amerikanische Autorin Sylvia Plath Ausritte im englischen Dartmoor unternahm. Wer das weiß, versteht das Gedicht anders und leichter: Es spricht vom Glück des Reitens, dem Einswerden von Pferd und Reiterin an »Fersen und Knien«, von einer Furche im Boden, vom braunen Nacken des Tiers. Aber wie kann jemand, der sich nicht mit den geringsten Details von Plath' Biographie beschäftigt hat, dies wissen? Ebenso wird das Wort »suicidal«, das später im Gedicht fällt, seinen persönlichen Ernst nur dem mitteilen, der es auf den ein Jahr danach erfolgten Selbstmord der Dichterin bezieht. Nun wird die Adresse einer Anrufung wieder fragwürdig: »God's lioness« muss keine geheimnisvolle mythische Gestalt bezeichnen; es könnte auch ein prächtiger Titel für das Pferd sein oder eine kühne Metapher für die Reiterin, die sich wie eine Löwin an das göttliche Reittier klammert. Durch den biographischen Kommentar wird der Bezug zu Shakespeares Ariel nicht widerlegt, wohl aber verkompliziert. Als das Pferd aus dem Dartmoor seinen noblen Namen erhielt, stand gewiss die Erinnerung an den prominenten poetischen Vorgänger Pate: Geschwindigkeit und Leichtfüßigkeit eines Pferds lassen an Eigenschaften eines Luftgeists denken. Auch in Plath' Gedicht spiegelt sich der eine Ariel im anderen: Der Ritt auf dem Pferd macht die poetische Idee einer Befreiung vom alltäglichen Dasein, wie sie Shakespeare ins Bild eines »airy spirit« gefasst hat, sinnlich erfahrbar. Das Pferd Ariel ist mit dem Flügelross Pegasus verwandt, auf dem die dichterische Phantasie ihr luftiges Reich durchstürmt. Den mythischen Pegasus, Shakespeares Luftgeist Ariel, das englische Pferd gleichen Namens und seine Reiterin, das Gedicht gleichen Namens und seine Dichterin –

sie alle vereint der Wunsch nach Befreiung: Befreiung von der Erde, von Dienstbarkeit, von der gewohnten Umgebung, von der verständigen und verständlichen Redeweise, von den Konventionen der Lyrik. Befreiung von Zwecken wird zum letzten Zweck der Lyrik in der Moderne.

Die Interpretation moderner Lyrik ist aufwendig, das Ergebnis meist fragwürdig. Doch lassen sich Deutungsversuche kaum umgehen, anders als bei der Aneignung traditioneller Lyrik, deren formale Eigenschaften, vor allem Metrum und Klang, ihren eigenen Reiz und Sinn besitzen, sodass der Wortlaut weniger wichtig ist. In Plath' *Ariel* hingegen bietet die Form, die Einteilung in rhythmisch und klanglich nicht begründete Pseudo-Terzinen, dem Verständnis keine Hilfe an; vielmehr wird es dadurch zusätzlich erschwert, dass die zahlreichen Abbrüche an den Versgrenzen den syntaktischen Zusammenhang stören. Nicht Rhythmus und Melodie, sondern Wörter tragen das moderne Gedicht (das also für Leser, nicht für Hörer konzipiert ist). Während Rhythmus und Melodie eine Wirkung, aber keine Bedeutung haben, korrespondiert Wörtern stets eine Bedeutung. Wenn diese, wie im modernen Gedicht häufig, nicht offensichtlich ist, macht sich der beunruhigte Leser auf die Suche nach ihr, schwankend stets zwischen den gewohnten, aber wenig ergiebigen Bezügen zur externen Welt und den ungewohnten, aber naheliegenden Bezügen zu anderen Wörtern im Gedicht. Doch sämtliche Eintragungen in das Wörterbuch, das für jedes moderne Gedicht eigens zusammengestellt werden müsste, sind unzuverlässig, da niemand den Dichter auf einen geregelten Gebrauch seines Vokabulars verpflichten kann. Die Lyrik der Avantgarde ist Marinettis Forderung gefolgt: »Nach dem freien Vers auch das freie Wort!« (parole in libertà). Am freiesten ist das Wort, wenn es zum Nonsens wird – eine Konsequenz, die der Dadaismus nicht scheute.

Zweck, Adressat, Formen und Formeln der Geistersprache, wie sie die archaische Lyrik gebrauchte, waren dem Kollektiv bekannt, obgleich diese Sprache über die Grenzen alltäglicher Kommunikation und Praxis hinausging. An die Stelle der kollektiv anerkannten und verstehbaren Sprache der Poesie ist in der modernen Lyrik eine Vielzahl von Privatsprachen getreten, die – mit oder ohne Erfolg – von Text zu Text jedesmal aufs Neue erlernt werden müssen. Erst in der Moderne wird das Gedicht so subjektiv, wie es ihm rückwirkend als durchgängige Eigenschaft zugesprochen wurde. In der traditionellen Lyrik hatte, unabhängig vom einzelnen Dichter, die von ihm gewählte oder von seinem Publikum gewünschte Gattung bereits über Thema, Umfang, Strophenform, Versmaß, Stil und Charakter des Gedichts entschieden. Nur im Rahmen dieser Vorgaben konnte der traditionelle Dichter die individuellen Vorzüge seiner Kunst zeigen. Erst der moderne Dichter ist uneingeschränkt Herr seiner Dichtung. Er dient keiner Gemeinschaft, führt keine Aufträge aus und akzeptiert weder das Schema einer Gattung noch ihrer einzelnen Elemente. Weil nun der Dichter allein im Zentrum seines Gedichts steht, fällt es dem Leser schwer, dieses Zentrum auszumachen und daraus die Wortfolge zu begreifen. Der Dichter ist orientiert, der Leser desorientiert, als hätte er ein verschlüsseltes Tagebuch vor sich. Indem der Dichter persönliche, nur ihm selbst bekannte Daten und Anspielungen in seinem Text unterbringt, schafft er eine moderne Entsprechung zur archaischen Geistersprache: eine geheimnisvolle Kommunikation mit einem ihm zugänglichen, allen anderen verborgenen Adressaten. Dieser Adressat ist niemand anderes als der Dichter selbst. Er, der letzte Repräsentant jenseitiger Geister in einer entgeisterten Welt, führt im Gedicht ein Selbstgespräch, dem das ausgeschlossene Publikum verehrungsvoll lauscht.

Schon immer hätte man sich darüber wundern können, dass es eine literarische Sprache gibt, die derart willkürliche Forderungen wie Metrum, Reim, Strophe erfüllt. (Als willkürlich müssen sie erscheinen, solange sie nicht als Elemente einer Geistersprache erkannt und anerkannt werden.) Doch bis an die Schwelle des 20. Jahrhunderts wollte niemand in Frage stellen, was seit Jahrtausenden Brauch war. Die Antwort, welche die Avantgarde auf die lange unterdrückte Frage gab, lässt sich den avantgardistischen Texten entnehmen: Es ist möglich, Lyrik ohne geregelte Rhythmen und Klänge zu produzieren, also ohne jene althergebrachten Mittel, deren Ursprung, Sinn und Zweck kaum noch aufzuklären waren. Da die Lyrik der Avantgarde ihre »libertà« zu demonstrieren sucht, indem sie sich keinem Versmaß unterwirft, entsteht die Schwierigkeit, willkürlich an das Ende einer Zeile gesetzte Versgrenzen als notwendig auszuweisen. Sie sind notwendig, um den einzig noch signifikanten Unterschied zur Prosa zu markieren und damit die Zugehörigkeit zur Lyrik – also doch zu einer großen Tradition – zu proklamieren. Die Pseudo-Terzinen in Plath' *Ariel* stellen einen ironischen Kompromiss dar zwischen einer seit Dante angesehenen Strophenform und der Freiheit des modernen Dichters, die Form selbst zu bestimmen und die Verse nach eigenem Belieben anzuordnen. Selbstsicher und doch verlegen rechtfertigt William Carlos Williams die Anlage seiner Verse, die keinen Versregeln folgen: »Die rhythmische Einheit entscheidet über die Form meiner Lyrik. Sooft ich an das Ende einer rhythmischen Einheit gelangte – das war nicht notwendig ein Satz –, schloss ich die Verszeile ab. […] Die rhythmische Einheit fiel mir gewöhnlich in einem lyrischem Zwang zu.« Als Exempel zitiert er ein eigenes Gedicht:

> Love without shadows stirs now
> beginning to waken
>   as night
> advances.

Weder auf einen Reim noch auf ein Metrum können sich diese sogenannten »rhythmischen Einheiten« stützen. Der Dichter mag einen »lyrischen Zwang« verspürt haben, der Leser verspürt ihn nicht, sondern sieht lediglich die aparte Druckanordnung. Eine andere – oder gar keine – Grenzziehung zwischen Williams' Wortgruppen wäre ebenso plausibel. In dem Vertrauen auf einen »lyrischen Zwang« lebt immer noch der Glaube an Inspiration weiter. Wenn aus dieser Inspiration eine seltsam anmutende, auf den ersten Blick ungeordnete Sprechweise hervorgeht, so muss der Leser gerade im Stammeln des Dichters die Einwirkung höherer Geister vermuten, die sich nicht an die grammatischen und semantischen Regeln der menschlichen Normalsprache halten. Lyrisches Stammeln ist, obgleich es alle Konventionen des Verses verletzt, nicht Prosa, sondern – und das gilt für die Dichtung in freien Rhythmen seit Klopstock – Manifestation einer geistigen oder geisterhaften Macht im Dichter.

Die einzige Einschränkung, der die Freiheit der modernen Lyrik unterworfen ist, besteht darin, dass sie weiterhin danach trachtet, als Lyrik geschrieben, veröffentlicht, anerkannt und gelesen zu werden. Einen weitergehenden Zweck setzt sie sich nicht. »For poetry makes nothing happen: it survives / in the valley of its saying« (Denn Poesie lässt nichts geschehen: sie erhält sich / im Tal ihres Sagens), konstatiert W. H. Auden *In Memory of W. B. Yeats*. Die moderne Poesie glaubt nicht mehr an den Zweck, mit Hilfe lyrischer Sprechhandlungen ›something happen‹ zu machen, erinnert sich jedoch noch an diese frühere Aufgabenstellung und muss sie daher ausdrücklich als überholtes Vorurteil zurückweisen. Um sich dennoch zu »erhalten«, beansprucht die moderne Lyrik Autonomie: sie sei frei von äußeren Zwecken und beschränke sich auf das Herstellen von Texten in Verszeilen. »Die Kunst verwandelt die Mittel und macht sie zu einem Zweck« – nicht für die Kunst aller Zeiten, erst für die moderne gilt dieser Satz Valérys. Da die Mittel der modernen Lyrik nicht mehr Mittel, sondern – mangels eines externen Zwecks – interner Selbstzweck sind, ist das von seinen veralteten Aufgaben befreite Gedicht in der Tat autonom, absolut, »poésie pure«. Wenn Prospero am Ende des *Tempest* auf seine Zaubermacht verzichtet, gibt er auch sein Werkzeug, Ariel, frei. Ariels Lied preist das heitere Leben, das er führen wird, sobald er keine Pflichten mehr zu erfüllen hat:

> Merrily, merrily shall I live now
> Under the blossom that hangs on the bough.
> (Lustiglich, lustiglich leb' ich nun gleich,
> Unter den Blüten, die hängen am Zweig.)

Frei, für sich, reine Poesie wird Ariel sein. Die Aufgaben der Lyrik haben sich erledigt, das Gedicht lebt weiter.

Hinweise

Vorarbeiten zu diesem Buch habe ich in der Zeitschrift *Poetica* veröffentlicht: *Die Aneignung von Gedichten* (1995), *Orientierung in Gedichten* (2004), *Sprechakte der Lyrik* (2008). Bereits 1993 machte mich ein Vortrag des Romanisten Gerhart Schröder auf den »lyrischen Vokativ« aufmerksam. Das folgende Literaturverzeichnis führt Bücher an, aus denen ich wesentliche Einsichten gewonnen habe und die dem Leser weitere Einsichten eröffnen können.

Jan Assmann: Ägyptische Hymnen und Gebete (1975), 2. Aufl. Fribourg/Göttingen 1999

Karl Bücher: Arbeit und Rhythmus (1896), 6. Aufl. Leipzig 1924

Walter Burkert: Griechische Religion, Stuttgart u. a. 1977

Jean Cohen: Structure du langage poétique (1966), Neuausgabe Paris 2009

Jonathan Culler: The Pursuit of Signs (1981), Neuausgabe London u. a. 2008

Terry Eagleton: How to Read a Poem (2007), Neuausgabe Malden (Mass.) 2008

Friedrich Heiler: Das Gebet (1918), 6. Aufl. München 1969

Chaviva Hošek/Patricia Parker (Hrsg.): Lyric Poetry Beyond New Criticism (1985), 2. Aufl. Ithaca/London 1999

Wolfgang Kayser: Kleine deutsche Versschule (1946), 27. Aufl. Tübingen/Basel 2002

Ernst Klusen: Singen, Regensburg 1989

Otto Knörrich: Lexikon lyrischer Formen (1992), 2. Aufl. Stuttgart 2005

Christoph Küper: Sprache und Metrum, Tübingen 1988

Jurij M. Lotman: Die Struktur literarischer Texte (1970), 4. Aufl. München 1993

Karl Pestalozzi: Die Entstehung des lyrischen Ich, Berlin 1970

Wolfgang Rösler: Dichter und Gruppe, München 1980

Heinrich W. Schwab: Sangbarkeit, Popularität und Kunstlied, Regensburg 1965

Wolf-Dieter Stempel (Hrsg.): Texte der russischen Formalisten, Bd. 2, München 1972

Jurij N. Tynjanov: Das Problem der Verssprache (1924), München 1977

Christian Wagenknecht: Deutsche Metrik (1981), 5. Aufl. München 2007

Rainer Warning/Winfried Wehle (Hrsg.): Lyrik und Malerei der Avantgarde, München 1982

Heinz Werner: Die Ursprünge der Lyrik (1924), Nachdruck New York/London 1971

Walter Wiora: Das deutsche Lied, Wolfenbüttel/Zürich 1971

Bei Fragen zur Produktsicherheit wenden
Sie sich bitte an den Carl Hanser Verlag:
Vilshofener Straße 10, 81679 München
info@hanser.de